一切なりゆき

～樹木希林のことば～

樹木希林

文春新書

1194

はじめに

2018年9月15日、女優の樹木希林さんが永眠されました。

樹木さんを回顧するときに思い出すことは人それぞれでしょう。

古くは、テレビドラマ『寺内貫太郎一家』で「ジュリ〜」と身悶えるお婆ちゃんの暴れっぷりや、連続テレビ小説『はね駒《こんま》』で演じた貞女のような母親役、「美しい方はより美しく、そうでない方はそれなりに……」というテレビCMでのとぼけた姿もいまだに強く印象に残っています。近年では、『わが母の記』や『万引き家族』など数々の映画で演じてみせた老人の姿は、やはり素晴らしいものでした。

樹木さんは弱冠20歳のときに、名優・森繁久彌氏によってその才能を見出されます。後に、鬼才・勝新太郎氏には〝みんなお前の芝居を真似て出て来たが、お前を超えているのは一人もいない〟と言われ、北野武氏からは〝普通の役者と出ると差がつきすぎちゃう〟とまで言われた名女優でした。その演技は年を経るごとにますます研ぎ澄まされていった感があります。

その一方で、樹木さんと言えば、ご主人であるロックンローラー内田裕也さんの存在を忘れることはできません。しばしば彼が事件を引き起こしたにもかかわらず、樹木さんは「救われたのは私のほう」だと言い切りました。型破りな夫婦生活は40年以上にもおよびましたが、だからこそ結果として、その夫婦関係は樹木さんにさまざまな内省を強いたのかもしれません。

樹木さんは活字において、数多くのことばを遺しました。

語り口は平明で、いつもユーモアを添えることを忘れないのですが、じつはとても深い。そして何よりも、ポジティブです。彼女の語ることが説得力をもって私たちに迫るのは、浮いたような借り物は一つもないからで、それぞれのことばが樹木さんの生き方そのものであったからではないでしょうか。本人は意識しなくとも、警句や名言の山を築いているのです。ゆえにそれらを集めた本書は、樹木流生き方のエッセンスでもあるのです。

生き方のエッセンス？　「それは依存症というものよ、あなた。自分で考えてよ」

と故人には怒られてしまいそうですが……。

なお、本書のタイトル『一切なりゆき』は、樹木さんが生前、色紙に書いていたことば、「私の役者魂はね　一切なりゆき」から選びました。また、表紙の写真は映画『東京タワー　オカンとボクと、時々、オトン』のポスター用に撮影され、生前、樹木さんがこの表情を自ら「顔施《がんせ》」（本文174ページ）と呼ぶほど気に入っていたものであることを付記しておきます。

最後になりますが、本書を編むにあたって、記事の転載や表紙写真の使用に快く応じてくださった出版・報道各社と関係各位に御礼を申し上げます。

読者諸氏においては、噛むほどに心に沁みる樹木さんのことばを玩味していただけたなら、それにまさる歓びはありません。

編集部

一切なりゆき　～樹木希林のことば～◎目次

【第1章】生きること　19

いい意味での人間の美しさ
人が集中するところに私は興味がなかったりする
欲や執着があると、それが弱みになって、人がつけこみやすくなる
アンチエイジングというのもどうかと思います
自分はなにほどのものでもない
統計なんていうのは、わたしは全然信じてないの
人間でも一回、ダメになった人が好きなんです
家のテレビなんて、いまだにブラウン管です
「人は死ぬ」と実感できれば、しっかり生きられる
子供は飾りの材料にしないほうがいい
しっかり傷ついたりヘコんだりすれば、自分の足しや幅になる
「一生にも二生にも三生にも」
どんな素材でもそれが光る場所に置いて活かしたい
淡々と生きて淡々と死んでいきたいなあ
こちらまで身軽になった
死ぬまでの間に、残したくない気持ちを整理しておく

年をとるって好きなの。若くなりたいなんて思わない
人間そのものにはすごく興味があるんです
豊かな人間に、どの方向へ行ったらなれるのかなぁ
不自由なものを受け入れその枠の中に自分を入れる
自分の身を削いでいく
私の日常はつまり用の美ですよ
自分の変化を楽しんだほうが得ですよ
死を感じられる現実を生きられるというのは、ありがたいものですね
親子でも、センスって遺伝しないんですね（笑）
私の中にあるどろーっとした部分
我々は、互いが互いにとっての提婆達多なんです
あれは怪我の功名じゃなくて、ケチの功名
八百万の神に通じて行くんだなという感覚
〝きょうよう〟があることに感謝しながら
それは依存症というものよ、あなた
楽しむのではなくて、面白がることよ

今の人たちは死に上手じゃなくなっちゃってるよね
「もっと、もっと」という気持ちをなくすのです
幸せというのは「常にあるもの」ではなくて「自分で見つけるもの」
浄化されてお仕舞いにしたいという野望はあります
最後には「やがて哀しき」に終着するのです
「まあご親切に。おたく、どちらさま？」
「孫が3人いるロックンローラーもいないでしょう？」
最期は娘に上出来！と言ってもらいたい

【第2章】家族のこと

ほんとに笑っちゃうような家庭
私が父親に「もうかえんな」って言うんだって
私は一番前に座ってチャンネルを替える権利があって、嫌な小学生でした
オネショをしてたことが引け目になって、私に影を落としてた
私がしっかり土台をつくっておきさえすれば、この家族の絆はなくならない
自分も似たようなことをやっているんです（笑）

私が私として生き生きと存在しようとしていれば、それは尽くすということになる
主人はとっても、人を生かすことができる人間なんです
お互いに中毒なんです。主人は私に、私は主人に
内田とのすさまじい戦いは、でも私には必要な戦いだった
実は救われたのは私のほうなんです
妻という場所があるから、私自身も野放図にならないですんだ
「花屋も生活がかかってるんだ！」
存在をそのままに、あるがままを認める
言葉ひとつで、人が、長い歴史の夫婦が癒される
まず謝罪というのをしておかないと死ねない
「向こうが悪いんだ」と言い続けて、何が生れるのでしょう
「あのとき離婚しなくてよかったな」
「平和は食べられない」(笑)
「お母ちゃんの、そういうときの顔がいやだ」
買えるのに買わないというのも、なかなかエネルギーがいること
私たち母娘のこの不思議な距離感は、也哉子が幼いときからずっと同じ

あの子は存在そのものが人を癒す
何の面倒もみないし、何の責任も持たない
「結婚相手は長男はダメよ」
自分の感性に十分にお金をかけるほうがいい
世の中につながる結婚というのはダメになったときの責任も重大
自分がやったことに最後まで責任を持て
私なんて、家族でいる時が一番緊張するんだから！
芸能の家に生まれた面白さもあるけれど、損もある
この人はこういう性格なんだと思うだけ
〝この野郎！〟となっても、〝杖はどこいった？〟じゃどうしようもない
あたしだって面倒くさいから独りで逝きたいわよね

【第3章】　病いのこと、カラダのこと　113

生活と性格を変えるという二本柱でやっているんです（笑）
病気がきっかけでぐわんと変わってくることもある
早い時期に自分の生活習慣を見直すことが大事ですね

女の持っているもののなかでまず裏側の怖さのほうが先にわかっちゃう
「私が」と牙をむいているときの女というのは醜いなあ
つつましくて色っぽいというのが女の最高の色気
いくら化粧しても、ひっぱっても縫い縮めてもバレますからねえ
女は強くていいんです
そんな生ぬるい関係を繰り返しても人は成熟しない
私もできればそういう背中が欲しいと、時々思いましたよ
精神も繋がった上での性というものを考え、向き合うと…
相手のマイナス部分がかならず自分の中にもあるんですよ
男でも女でも、ちょっとだけ古風なほうが、人としての色気を感じる

【第6章】 出演作品のこと

森繁さんは撮影しながらその場で瞬時に〝人間〟をつくっていく
怒って転んだり、えらい目にあいました
「年を取っても変わらないものは絶対変わらない」
小百合さんは見かけよりもずっと頑固ですから

美人がやったんじゃ悲しくないんですねえ（笑）
女がこうあったらいいなという、理想に近いものが…
凜とした生きざまが見える女優さんはなかなかいない
まさに、「私と也哉子と、時々、裕也」だった
やっぱり世の家族が崩壊しないのは、女の粘り強さですよ
いろんな修羅場があっても人の責任にしないのは、女としての潔さ
死ぬために生きているのではなく、生き切って死というものがあって
ああこれはオカンの顔施だなと思った
私は台本を見ないで出演を決めちゃう人間なのね
一見、不公平のようでも誰もが何かを背負っている
淡々と流れる時間の根底にある人間賛歌
私はただ彼らの苦しみに寄り添うことしかできない
決して病気だからといってかわいそうなのではない
人は誰でもいろんな形で背負っているものがあると思うけど…
「わたくし、女優です」って言っていたら感じられない
この年でこんな厳しい現場にいられる私たちは幸せね

カバー写真：©２００７「東京タワー　オカンとボクと、時々、オトン」製作委員会　撮影：藤井保
写真提供：講談社／アフロ（p.21、127）

【第1章】 生きること

1943年東京都生まれ。旧姓名は中谷啓子。父は所轄の刑事で後に薩摩琵琶奏者となる中谷襄水。本格的な女優デビューは20歳のとき、テレビドラマの『七人の孫』だった。私生活上の最大の転機は1973年にロックミュージシャンの内田裕也と結婚したことで、別居生活は40年以上もつづいた。2004年に乳がんが見つかってから、2018年9月に75歳で逝去するまで、全身に転移したがんをものともせずに生きた。

求めすぎない。欲なんてきりなくあるんですから

年をとって妙に頑張っているのは、若い人から見るとかわいそうだったり、醜くかったりするかもしれませんが、自分の始末は自分でするという日常生活は、できる限りやったほうがいいと思います。私ごとですが、仕事の現場には自分で車を運転して行きますし、都内なら山手線やバスを乗り継いで出かけます。年とって病気してからは、みんなが心配するんですが、一人で行動するほうがずっと楽です。ダメなときは「すみません」って言えればいいのではないでしょうか。

年をとってパワーがなくなる。病気になる。言葉で言うといやらしいけど、これは神の賜物《たまもの》、贈りものだと思います。終わりが見えてくるという安心感があります。年を取ったら、みんなもっと楽に生きたらいいんじゃないですか。求めすぎない。欲なんてきりなくあるんですから。足るを知るではないけれど、自分の身の丈にあったレベルで、そのくらいでよしとするのも人生です。

(「家族というテーマは無限大です。」2008年7月)

1973年10月、結婚式での樹木希林と内田裕也の両氏。

モノを持たない、買わないという生活は、いいですよ

靴も昔から、長靴を含めて3足と決めています。長靴は40年ほど前に業務用のものを買って履《は》き続けていたんですが、先日、履いているうちに中がちょっとしみてきてしまって。仕方なく出先で別の長靴を買ったので、一瞬だけ家に靴が4足ある状態になりましたけど（笑）。

洋服は、自分で買ったものはほとんどなくて、どなたかからお古を譲っていただいて、それを着やすいように自分で胸ポケットをつけてみたり、ちょっとリメイクして着ています。家具にしても同じ。どなたかが「もういらなくなった」というものをいただいて使っています。

もともとケチだということもありますけど、一度使い始めたら、それをできるかぎり活かして、最後まで使い切って終了させたいんです。「始末」ですね。

先日も、近所の方が引っ越しをする際に、家具を捨てていったんです。たしかに古

ぼけていましたけど、昔の家具というのは素材がよくて造りもしっかりしているので、ちょっと直せば十分使える。その家具も自分で表面を塗り直して、今使っています。

モノを持たない、買わないという生活は、いいですよ。部屋がすっきりして、掃除も簡単。汚れちゃったけど、いまは忙しいから掃除ができない、どうしよう……なんていうストレスもない。暮らしがシンプルだと、気持ちもいつもせいせいとしていられます。

（「歳をとるのはおもしろい」2015年7月）

私の下着はみんな前が開いてるの（笑）

この何年か、ものを買ってない。買うのは靴下だけ。友達の旦那が亡くなる年なのよ。「主人のラクダの股引とか、パイルのステテコとか、使ってないものがあるんだけど」って言うから、「私にください」って。下着はゆるゆるのがいいの。だから私の下着はみんな前が開いてるの（笑）。

（どこかで倒れて脱がされたら？）気にしたことないですね。恥ずかしいなんて年齢ではないから。自分勝手がいちばんいいんじゃない？

（「マリコのゲストコレクション」2016年5月）

モノがあるとモノに追いかけられます

着飾っても甲斐がないし、光りものも興味がない。それより住むところを気持ちよくしたいなあって。

若い頃は安物買いの銭失いだったんですよ。でも、モノがあるとモノに追いかけられます。持たなければどれだけ頭がスッキリするか。片づけをする時間もあっという間。

（「50歳からの10年が人生を分けていく」2016年6月）

人生なんて自分の思い描いた通りにならなくて当たり前

人生なんて自分の思い描いた通りにならなくて当たり前。私自身は、人生を嘆いたり、幸せについておおげさに考えることもないんです。いつも「人生、上出来だわ」と思っていて、物事がうまくいかないときは「自分が未熟だったのよ」でおしまい。

こんなはずでは……というのは、自分が目指していたもの、思い描いていた幸せとは違うから生まれる感情ですよね。でも、その目標が、自分が本当に望んでいるものなのか。他の人の価値観だったり、誰かの人生と比べてただうらやんでいるだけなのではないか。一度、自分を見つめ直してみるといいかもしれませんね。

お金や地位や名声もなくて、傍《はた》からは地味でつまらない人生に見えたとしても、本人が本当に好きなことができていて「ああ、幸せだなあ」と思っていれば、その人の人生はキラキラ輝いていますよ。

（『こんなはずじゃなかった』それでこそ人生です。」２０１６年６月）

私に縁のあった人達、皆キラキラしてほしい

私なんかは執着の形が変わってきまして、この（一九八八年）八月、二十七年間一緒にやってきたマネージャーと別れたんです。二十八年前、私が文学座に入るときに、窓口で願書を受け取ってくれた、それ以来のつきあいなんです。

今とても思うんです。私に縁のあった人達、皆キラキラしてほしい、頂戴した生命を生かしてほしい、おこがましいけど、人を生かすってことに執着しはじめたんです。その人も生かさず、その家庭もないがしろにさせて、私が全部使ってね。その人生を考えたとき、私個人にそうするだけの値打ちがあるだろうかって考えたんです。

そして、別れることにしたんですけど、これを機に事務所も閉鎖して、新しいマネージャーはつけないことにしたんです。前のマネージャーに対して申し訳ないという愛情が、一つにはあります。もう一つは、長い歴史もスッと切って、自分本位の執着を断ち切って、自分の周りを整理していこう、とね。

（「男と『感応』しあえる生き方とは」１９８８年11月）

人の人生に、人の命にどれだけ自分が多く添えるか

私は、人と添ってみるということは、絶対に人間には必要だと思うんです。それは子どもでなくても夫でなくてもお手伝いさんでも親でもなんでもいい。人の人生に、人の命にどれだけ自分が多く添えるかという、その体験の豊富さが、いい役者かそうでないかというふうに思うんですよね。

その人の悲しみを自分のことのように悲しめる。離れていてもちゃんと苦しみが……。そういうことの場数だと思うんですよね。

（「ひとつのことをゆっくりしゃべろう　女の色気2」1987年1月）

それが本当の子育てなんです

人を頼まないでやるってことは大変ですよ。それが本当の子育てなんですよ。それ

もお金がなくて人が雇えないんなら別だけども、いちおう稼いでて人を雇わないでやるっていうことはね、へたへたになって帰ってもご飯つくってやるということがね。これがなかったら、私、役者をやっててもしょうがないなと思って、がんばってンですけどね。

(役者よりも子育ての比重が)そりゃ大きいですよ。だから役者やったときにひとつのせりふで胸に来るんですよ。日常生活がやっぱりね——それは離婚も結婚もいろいろあるでしょうけれども、それなりに一生懸命やって、傷ついたり、うれしかったりしている人たちは、やっぱり会ってすてきですよね。適当に女優というところであぐらかいてる人は、やっぱりすてきじゃないですね。それはもう、私、どの世界でも一緒だと思うのよ。

(「アッコが人柄を敬愛している女優」1985年5月)

「やさしさ」という言葉でもどれだけ違うか

私は夫に対してとか、友だちとか男とか、そういうふうに決めないで人にやさしくしたいなと思うんですね。

でもときどき目をつぶっちゃって、自分のことだけ考えてる。はいはいって言ってればスムーズに終っちゃうからね。

だからひとつの「やさしさ」という言葉でもどれだけ違うかということなんですね。私、何人かの人間とつきあって、その人が死ぬときに「あいつ、やさしい人間だったな」と思ってもらえるような、そういう添いかたをそれぞれにしていきたいなというのが私の理想なのね。そういうふうになっていったときに、すごく色っぽい女になるだろうなと思うんですよね。

そういうふうに近づきたいなという気持ちはあるんですよ。そういう欲でも持たないと、いつでも引き下がれちゃう、いつでも自分がいなくなってもいいというようなところへ行っちゃうからね。私はこういう家に住みたいとか、こういう理想の家庭を欲しいといった欲が全くないから。別のところへ欲を持っていかないと生きていかれないというところで、無理やり別の欲に持っていってるというのが現状ですね。

〝生まれ、生まれ、生まれ、生まれて生の初めに暗く〟という空海の言葉があるんです。〝死に、死に、死に、死んで死の終わりに冥《くら》し〟っていう。自分の人生の中でいろんな文章に出くわすとその都度感動したりするんですけど、いつまでもひとつもわかってないなというところへ、ふわっと行っちゃうんですよね。

（「ひとつのことをゆっくりしゃべろう　女の色気2」1987年1月）

自分で一番トクしたなと思うのはね、不器量と言うか、不細工だったことなんですよ

私が今日まで生きてきて、自分で一番トクしたなと思うのはね、言葉で言うと、不器量と言うか、不細工だったことなんですよ。

私は、普通だと思ってるんだけども、他人《ひと》がそういうふうに見るから、ああ、そうなんだなあと思って見ているうちに、器量よしばっかり集まる芸能界に入っちゃった

んですよ（笑）。

今でこそ、役の広がりが出てきましたけど、昔はお手伝いさんまでも、器量よしがやったわけですからね（笑）。ま、だから、自分が不器量だということに早目に気がつかされちゃってね。

それでね、案外自分としては、男を見誤らないできたという確信があるんですよ。要するに、見誤らないというのは、自分がこうだと思ったとおりなんです。それを選ぶか選ばないかは、自分の縁ですからね。

だから、不器量であるために、他人が私に関心を寄せないから、こっちが自由に人を判断できる。今日まで、いろんな男の人との出会いがあって、中には、うーん、ねえっていうのもありますけれど（笑）、それも含めて納得しているんですね。不器量のトクな点だなあと。

（「そして、現代に貞女はいなくなった…」1988年3月）

俯瞰で見るクセがついているので、わりと思い違いがないんです

俯瞰《ふかん》で見るクセがついているので、わりと思い違いがないんですよ。これが私が役者になった特典、利点だなと思うの。普通の人は、ここまで客観的に自分の姿を見ることができるとは思わないから。

勘違いしたまんま一生を送り切れれば、それもまた幸せではあるけれど、どこかで気づかなければいられなくなる。人生は多分、そういうものだと思うのよ。

（「あなたは、『なりたい大人』になれましたか？」２０１６年５月）

絶対こうでなければいけないという鉄則はない

家を建てた時に、建築家にお願いしたことがあるんです。それはたとえば現場で設計図とは違うところに穴をあけてしまったとか、間違えてしまった時には、声をかけて下さいということなんです。そういう時に、わざわざ取り替えたり、直したりしな

いで、そのミスを活かしたいわけです。もしかしたら当初の設計よりも面白い物が出来るかも知れないでしょう？　直しちゃったら、ミスはミスのままだけど、それでまた別のことができたら、ミスが活かされたことになると思うんです。

私は全てのものに対して、絶対こうでなければいけないという鉄則はないと思ってるんです。たとえば私の顔。これはミスして出て来ちゃったわけですよ（笑）。少なくとも美人女優という枠には入らない。でもこのミスを活かそうと思ってやってきた。今はミスがむしろ面白い顔として受け入れられる時代ですけれど、それこそ40年前は、女中さん役の顔だってミスは許されなかった。その中で私がこうして生き残れているのは、ミスを活かそうとしてきたからじゃないかと思いますね。

（「この人の言葉は宝物だ！」２００２年８月）

私は職人という言葉が好きなんです

私は職人という言葉が好きなんです。自分自身、芝居が好きで好きでこの世界に入ったわけではないから、芸術家ではないと思うんですよ。やっているうちに何となく責任感が生まれてきて、続けられた。でも強い拘《こだわ》りなんかないんです。たとえば一つの仕事で色々な役者さんがいますよね。衣装を選ぶ時なんか、皆さんが選び終わって、残った衣装でいいわ、てなもんですよ。で、職人と芸術家の違いって「これで採算がとれるか」を考えるかどうかだと思うんです。

（「この人の言葉は宝物だ！」２００２年８月）

いい意味での人間の美しさ

60歳を過ぎたら60歳を過ぎたなりの、何かいい意味での人間の美しさっていうのがあるような気がするんです。そういうふうに年をとっていけたらいいんじゃないかなって、それが実感なんですね。

（「宇津井健さん、樹木希林さんをお迎えして。」２００７年１月）

人が集中するところに私は興味がなかったりする

要するに価値観が違うんですよね。普通の人が、地位だとか名誉だとか、こう見られたいというものが、私が見られたいって思うものと全然違うから。たとえば衣装にしても、女優さんたちとかち合うってことがないわけですよ。

人が集中するところに私は興味がなかったりするものですから、人は私に対して見抜きにくいんですね。ほら、人間って「得体が知れない」っていうのは、何かよくわからないから「こわい」という…。お化けだって、得体が知れればちっともこわくないわけですよね。素性がわかれば何てことないでしょう。何考えてるかわかンないような感じがみなさんの価値観とちょっと違うだけの話なんでしょう。

（「アッコが人柄を敬愛している女優」１９８５年５月）

欲や執着があると、それが弱みになって、人がつけこみやすくなる

私のことを怖いという人もいるみたいだけど、それは私に欲というものがないからでしょう。欲や執着があると、それが弱みになって、人がつけこみやすくなる。そうじゃない人間だから怖いと思われてしまうのね。

私は女優の仕事にも、別に執着があるわけじゃないの。それよりもまず、人としてどう生きるかが大事。だから普通に生きてますよ。掃除もするし洗濯もする。普段から特別、役作りというのもしません。現場で扮装をしたら勝手にその役の気持ちに入り込んでしまう。私の場合、女優業ってそれくらいのことなの。

（『私』と『家族』の物語」2015年6月）

アンチエイジングというのもどうかと思います

人間は50代くらいから、踏み迷う時期になるでしょ。若いままでいるのは難しい。

だからといって、アンチエイジングというのもどうかと思います。年齢に沿って生きていく、その生き方を、自分で見つけていくしかないでしょう。

100歳まで長生きしたいという風潮も、どうなのかしらねえ。自分が楽しむためなのだろうか、と考えちゃいますね。

以前、年配者が近くの公園に保育園が建設されると騒がしいから反対している、というテレビ番組を見たことがあって、子どもの声がして楽しいのではなく、うるさいと思うなんてと驚きました。そういう高齢者はきっとまだまだエネルギーも十分あって、自分たちの側から世の中を見ているのでしょうね。それはそれですばらしいけれど、大人として成熟していないとも言えます。子どもの声を楽しいと思わないなんて、いつから日本はこんな国になったのかなあ、寂しいなあ。

（「人生でやり残しはないですね。この先はどうやって成熟して終えるか、かしら。」2015年6月）

自分はなにほどのものでもない

テレビというのは、自分をさらしてくれる有り難いもんだと思っています。それはテレビだけじゃないんですけどね。芸能週刊誌というものに対してもかつては、本当に怒りましたけれども……。結局、書くことは、相手がわたしから受けるものなんですよ。わたしが縦だったでしょうといっても、向こうが横になっていましたよといえば、ああ、そういうふうに見えたんだ、あるいはそういうふうに書きたかったんだというところへ、つーんと自分を持っていくようになっちゃったんですね。自分はなにほどのものでもないんだというところへ行けばね。

さらされて恥ずかしかったり、ちょっと削られて痛かったり、そういうものをそのまんまぼーっと出すのが案外、こんな人間がこうやって生きてるんだなという、ひとつの存在価値みたいなものになるかなという気はしているんです。テレビの中で普通に自分がいて、ということができたら。わたしがお客だったら、そういうセコい人の人生を見たいなと。

統計なんていうのは、わたしは全然信じてないの

（「筑紫哲也のテレビ現論　茶の間の神様」1987年7月）

わたしはつねに個人的にものを考えるんですね。世の中はどうだというふうには考えないんです。わたしが見て、いま食べたいものとか、わたしが好きなものとかというところを露骨に全部取り入れちゃうんです。

絶対多数の抽象的な人数の割り当てでもって、いまこれがよさそうだというのは嫌いなんですね。統計なんていうのは、わたしは全然信じてないの。人気投票とかああいうのに時どき出たりするんですけど、噴いちゃうんですよ。ああ、もう個としての魅力がだめになったなあと思って。

（「筑紫哲也のテレビ現論　茶の間の神様」1987年7月）

人間でも一回、ダメになった人が好きなんです

私は物を消費することに真実はないと思っていますからね。だから私は人間でも一回、ダメになった人が好きなんですね。たとえば事件に巻き込まれてダメになった人というと言葉はおかしいけれども、一回ある意味の底辺を見たというのかな。そういう人は痛みを知っているんですね。だから、いろんな話ができると同時にまたそこから変化できるんです。

（「母樹木希林が親友に打ち明けた〝七夕挙式〟までの全秘話」1995年7月）

家のテレビなんて、いまだにブラウン管です

古くなった靴下やシャツも掃除道具として利用して、とにかく最後まで使い切ります。ものたちが「十分に役目を果たして終わった」と思えるように、始末する感覚で暮らしているのです。形に残る新しいものは、めったに欲しいとは思いません。皆さ

ん驚かれるのですが、家のテレビなんて、いまだにブラウン管ですよ。
人間もそれと同じ。十分生きて自分を使いきったと思えることが、人間冥利に尽きるってことなんじゃないでしょうか。こういう感覚を持つようになったのも、病気になって、命が限りあるものだということを認識してから。今では、仕事のマネージメントまで、自分ひとりでしています。誰かを雇うと、その人の家族の生活も抱え込まなければなりませんが、来年のことがわからない状態なので責任が持てませんからね。ともかく自分の最後だけは、きちんとシンプルに始末すること、それが最終目標かしら。

（「全身がん　自分を使い切って死にたい」２０１４年５月）

「人は死ぬ」と実感できれば、しっかり生きられる

ゆくゆくは子供と一緒に住みます。面倒はみませんけど、面倒はみてもらいます。
自分のためには一人のほうがむしろ気楽なんですよ。でも、うちの娘なり、婿なり、

その子供たちが、私の死に際を実感として感じられる。ずっと離れて暮らしていると、あまり感じられないのですね。「人は死ぬ」と実感できれば、しっかり生きられると思う。

終了するまでに美しくなりたい、という理想はあるのですよ。ある種の執着を一切捨てた中で、地上にすぽーんといて、肩の力がすっと抜けて。存在そのものが、人が見た時にはっと息を飲むような人間になりたい。形に出てくるものではなくて、心の器量ね。

（「私の夢みる大往生」1996年9月）

子供は飾りの材料にしないほうがいい

うちは父母ともに芸能界で問題を起こす路線をずっときてて（苦笑）、立派な家庭は築けなかったから、子供は読み書きソロバンができて友達がいればそれでいいやと思った。だけどいまの女の人って、子供を踏み台にしちゃうでしょう。子供も自分の飾りを満足させるナニカだと思ってる。だから人と比較して落ちこんだりするんであって、子供は飾りの材料にしないほうがいい。

（「この女性の軌跡」２００１年７月）

しっかり傷ついたりヘコんだりすれば、自分の足しや幅になる

生きるというのは、いろんなところをくぐり抜けて、どう墓穴《ハカアナ》に入るかという道。どうやったって結果はついてくるから、そのときどきで納得するやり方をするしかないですよ。その途上で結婚でも別れでも仕事でも、しっかり傷ついたりヘコんだりすれば、自分の足しや幅になる。私は出会った人を傷つけて、昔だったら消しゴムかホワイトで消したい人生だったのに、この年齢になると、深く傷つけた人たちがとっても、懐かしいのよね……。口をぬぐって、〝ない〟ことにしなくてよかった。

ただ、人として生まれたからには善も悪も欲も全部ひっくるめて、ちょっと削《そ》ぎ落としたところで着地したいというのはあるのね。最後は樹木希林という〝皮〟も脱ぐ。

自分が飾りがいのないタイプだから、そう思うのかもしれないけれど（笑）。

（「この女性の軌跡」２００１年７月）

「一生にも二生にも三生にも」

私の場合は特に生と死に関して境がないような感覚があるんですよ。死が特別違う形になるという感覚がなくて。

お経の中に、「一生にも二生にも三生にも」という言葉があるんですね。何だ、一生じゃないんだ、また二生もあって、三生もあって、人間はいろんな試練や出来事に遇うという。だったら何も今生をここからここまでと決めずに、まあ、今生はこういう顔をして生まれて来たけど、次はまた違う姿かもしれないし、魂の着せかえ人形じゃないけど、さほど「私の最期」と考えなくてもいいなと思ったりもするんです。

（「初々しく老いて」２００２年２月）

どんな素材でもそれが光る場所に置いて活かしたい

私は服やアクセサリーやインテリアでも、これが好きだというような物がないんですよ。ただその物がある場所、置かれる場所、あるいは纏《まと》い方によって活かされるようにしたいと思うだけで、どんなに好きだと思っていても、それが活かされない場所にあったら、うっとうしいだけでしょう。

たとえば今日着てきた私服は、着物の生地を使っているんですよ。この生地は店じまいする呉服屋さんの売れ残りなの。なんか着物にしたら野暮ったくなりそうな柄でしょう。だからこの柄が動いたときにちらっと見える程度にした。そういう風にね、どんな素材でもそれが光る場所に置いて活かしたいと思うんですよ。

（「この人の言葉は宝物だ！」2002年8月）

淡々と生きて淡々と死んでいきたいなあ

今、凄く興味を持っているというわけではないんですが、自分の身体を保っていないといけないなと。新しい家を車椅子生活になっても大丈夫なようにとバリアフリーにしたんですけど、車椅子になる前に、飲み過ぎで脳の血管が切れちゃったりしたら、それどころじゃないですからね。だから、自分の身体には責任を持ち、あんまりいい加減な生活はしないようにしようと思っています。長生きしたいと思うわけではないし、年を取るのはちっとも苦ではないんですよ。ただあたふたせずに、淡々と生きて淡々と死んでいきたいなあと思うだけです。

（「この人の言葉は宝物だ！」２００２年８月）

こちらまで身軽になった

私は不動産が好きで、家に対しては少なからぬ執着があって。ただ、その執着もル・コルビュジエが、彼の好きな地中海を望む場所に、自分たち夫婦が住むための小屋をつくったという話を聞いたとき、すとんと抜けたんです。禅でいう方丈《ほうじょう》ではないけれど、あれだけの建築家がやりたいことをやり尽くした末に、最終的にたどり着いたというその小屋を見たとき、こちらまで身軽になったというか……。だから今は自分がこの世につないでいるあれこれの鎖を、欲望も含めて一つずつ外している感じですね。

（「きもの好き、映画好き」２００８年１月）

死ぬまでの間に、残したくない気持ちを整理しておく

みんないずれ死ぬんだけど、死ぬまでの間に、残したくない気持ちを整理しておくといいですよね。会っておくとか、話しておくとか。

（「家族というテーマは無限大です。」２００８年７月）

年をとるって好きなの。若くなりたいなんて思わない

若いときは自分への見栄と、子育てと縁でつなげていって、ふと年とってあちこちの体調不良に気づかされたとき、このままじゃ死ねないって。じゃ、あやまるのは力も不要だし、タダだしケチな私にはピッタリ（笑）。年をとるって好きなの。若くなりたいなんて思わない。不老長寿の薬なんか発明されたら、即ヤメテ〜！（笑）

（「家族というテーマは無限大です。」２００８年７月）

人間そのものにはすごく興味があるんです

私は人のこと嫌いなんです、煩《わずら》わしいから。だから友達もいない。私、目がやぶ睨《にら》みなんですけど、これも何か意味があるなと。見なくてもいいのに、あさっての方向を見て、人間の裏側を見ちゃうみたいなね。そういうところが人と和を保っていけな

いところかなと。だけど裏腹に、人間そのものにはすごく興味があるんです。だからものを創るという点でその興味を出して、普段は独りでいい。今でも芸能界の只中《ただなか》にはいないで、ちょっと外れた、自分にとって一番居心地のいい場所にいるんですよ。入り込まなくて済む場所に。

（「これがはじまり」２００８年12月）

豊かな人間に、どの方向へ行ったらなれるのかなぁ

私が今思うのは、よく六十五まで来たなと。役者に合ってない合ってないってずっと思いながら、センスだとか才能だとかないなぁって思いながら、さて、これで終われるのかなぁと。ただ、やっぱりね、いつまで経っても、人間として、何て言うか、豊かな人間に、どの方向へ行ったらなれるのかなぁって、役者としての仕事より、そっちのほうに興味が行ってるんですよ。

（「これがはじまり」２００８年12月）

不自由なものを受け入れその枠の中に自分を入れる

日常生活では、手を抜くことがいちばん。そのためには、徹底してものを増やさず無駄を出さない暮らしをしています。まず買わない。

靴下は3年くらい前に4足1束で売っていた、はき口が広がってる締めつけないものを今も使っています。ブラジャーも締めつけないものでダラっとね。ゆったりといちばんラクに、布をまとっているという着方です。

年をとると、メガネだけでも何種類も増えるでしょ。そういうことをなくしてなるべく使うものを減らす。とにかく減らす。何かと何かを兼用できるとか一生懸命考えて、思いついたときはもう最高に幸せ（笑）。不自由？　もちろん不自由でしょうよ。不自由なものを受け入れその枠の中に自分を入れる。年をとるというのは、そういうことです。

（「人生でやり残しはないですね。この先はどうやって成熟して終えるか、かしら。」２０１５年6月）

自分の身を削いでいく

ホテルの方に言うんです。私がチェックアウトするまでお部屋の掃除はしなくていいです、私が毎日自分でして、きれいにして出ていきますから。グッズも使いませんし、タオルも替えが必要なときは頼みます。ティッシュペーパーも水の補給もまだ大丈夫ですって。そんな感じよ。だんだん身軽になっていくというか、自分の身を削いでいくような感じ。だから何にも大変じゃないんですよ。それに私は衣装さんがいるわけでもない、ヘア＆メークさんがいるわけでもないしね。

女優は年を取ると、だんだんにいろいろなグッズが多くなるんです。化粧品や健康グッズやら、それはもうすごいんですよ。トランク一つなんて人はいないでしょうね。そこが私の変わっているところです。

（「温故希林in台湾」２０１３年11月）

私の日常はつまり用の美ですよ

私は偉そうなこと言うつもりはないけれど、新幹線と飛行機に乗るときはラッシュだろうが山手線を使うの。圧死しそうになりながら。それで冬は寒がりだから毛皮を着るんだけど、Ｓｕｉｃａを入れるポケットがどこにもないのよ。それで毛皮屋さんに右胸にペタッとポケットをつけてとお願いしたら「毛皮にポケットなんて！」と断られてね。

だから、端布があったから自分で縫い付けました。便利よ。洋服にはみんなＳｕｉｃａ用のポケットを縫い付けている。私の日常はつまり用の美ですよ。美かどうかわかんないけど（笑）。必要に応じたものがあるという生活ぶりです。

（「1週間あれば、いつ死んでもいい」２０１５年6月）

自分の変化を楽しんだほうが得ですよ

失敗することもたくさんあるけれど、歳をとったせいか、すぐに忘れちゃう。特に嫌なことは（笑）。だから、「あのとき、こうしておけばよかった」と後悔することも一切ありません。いつまでも後ろを振り返るより、前に向かって歩いたほうがいいじゃないですか。

老いてくると、若いころにできたことが少しずつできなくなってくるんですけど、それは人間なら当然のこと。「昔はよかった」と嘆くより「へえ、こんなこともできなくなるんだ！」って、自分の変化を楽しんだほうが得ですよ。実際、口のまわりに何かついていても全然気づかなくなっていたりして、自分でも「よく気がつかないもんだなあ、おもしろいなあ」と感心します。そうやって、何でもおもしろがって毎日を楽しく過ごしていたら、いい歳のとり方ができるんじゃないかと思うのですが、どうでしょう。

（「歳をとるのはおもしろい」２０１５年７月）

死を感じられる現実を生きられるというのは、ありがたいものですね

がんになったことで、人生観も変わりました。がんにならなければ、心のありようが収まらなかったかもしれません。〝人はかならず終わる〟という実感を自分の中に持てたことは大きかったです。命の限りを実感できてよかったのは、心の整理ができること。がんという病気は、たいていいくらか残された時間があって、その用意が間に合うんですよ。

わたしは自分のことで人を煩わせるのがすごく嫌なんです。自分のことを自分で始末していくのは大人としての責任だと思うから。死を感じられる現実を生きられるというのは、ありがたいものですね。いつ死んでも悔いがないように生きたい。そう思っています。

（「表紙の人　樹木希林」２０１５年７月）

親子でも、センスって遺伝しないんですね（笑）

（芝居の）台本を読み返すくらいなら、住宅情報誌を読んでいる方がいい。実際、私、あの電話帳みたいな分厚い住宅情報誌を見るのが好きなんですよ。以前、新幹線で東京から岡山に行くまでの4時間、ずっと見ていたことがあったんですけど、岡山で降りるとき、隣のおじさんをチラッと見たら花沢徳衛さんでね。花沢さんも驚いて、「脇目もふらずにずっと住宅情報に見入ってる変わった人間がいるなと思ってたけど、まさかあんただったとは！」って（笑）。

建てるのが好きとかインテリアが好きとか不動産で儲けようとか、そういうことでないんですよ。ただただ見て、ここに住むのはどんな家族構成なのかとか、いろいろ想像するのが好きなの。あとは実際の建物を見るのも好き。例えば、あの市川崑さんの南平台の高台のおうち。こうね、ずーっと塀《へい》があって、スペイン風の装飾が施されていて、なんて素敵な建物なんだろうと。まあそれも、最近、息子さんが全部取り壊して普通のマンションにしちゃいましたけど。親子でも、センスって遺伝しないんですね（笑）。

（「曰く『いきあたりばったり』」２０１５年7月）

私の中にあるどろーっとした部分

私の中にあるどろーっとした部分が、年とともになくなっていくかと思っていたんだけれど、結局は、そうじゃなかった。でも最近は、〝それがあっていいんだ〟と思えるようになって。少し、ラクになりました。

（「70歳で初のお伊勢参りが、ドキュメンタリー映画に」２０１４年5月）

我々は、互いが互いにとっての提婆達多なんです

お経は今でも、気がつくと声に出して読んでいることがあります。一人で暮らしていると、「今日は誰ともしゃべってないな」という時がありますよね。そんな時にお経を読むと、心身の活性化につながります。わたしにとってお経を読むのは、日常的なことなんです。

お経の中の言葉が、生活の中で、ふっと口をついて出て来ることもあります。たとえば、この映画（『神宮希林　わたしの神様』2014年公開）の中でも、私は「夫は私にとって提婆達多《だいばだった》みたいなものだ」という表現をしています。提婆達多はお釈迦様の従兄弟で、最初は同じ教団内で活動していたものの、やがて反逆し、お釈迦様を殺害しようとまでした人物です。しかしお釈迦様は、提婆達多がいたからこそ、見えてきたものがあるとおっしゃっています。自分にとって不都合なもの、邪魔になるものをすべて悪としてしまったら、病気を悪と決めつけるのと同じで、そこに何も生まれて来なくなる。ものごとの良い面と悪い面は表裏一体、それをすべて認めることによって、生き方がすごく柔らかくなるんじゃないか。つまり私は、夫という提婆達多がいたからこそ、今、こうして穏やかに生きていられるのかも知れません。

皆さまもご存じのとおり、夫は、俺の神はロックだと言うような人で、思いこんだら一筋。そのため何かと騒ぎを起こしてきました。傍からは、私がちゃんとしていて、あの人がめちゃくちゃというふうに見えるかも知れませんし、まあ、実際その通りでもあるのですが、私の方にも、あの人と一緒になってから、自分が、これほどいさかいの好きな女であることがわかったという面もあります。
肋骨が折れるほどの大喧嘩をした日さえありました。よくもまあ、あれほど激しくやり合えたものですが、自分の中にも、何かどうにもならない混沌《こんとん》とした部分があって、それが、内田さんという常にカッカしている人とぶつかり合うことで浄化される。そういう部分もあったのではないかと、今は思うのです。誰もが自分にとっての提婆達多を持っているし、それと同時に、自分も誰かにとっての提婆達多になりうる。我々は、互いが互いにとっての提婆達多なんです。だから、人に何を言われても別れないんでしょうね。

（「全身がん　自分を使い切って死にたい」2014年5月）

あれは怪我の功名じゃなくて、ケチの功名

私にとっての「祈り」とはどういうものであるかを、もう少し詳しくお話ししましょう。私が目に見えない何物かに手を合わせるようになったのは、今から四十年くら

い前のこと、西麻布に四十坪ほどの土地を買って、家を建てようとした時からです。何しろその土地には、井戸やお稲荷さんがあり、こういうところを更地にして家を建てて、あとで何か災いみたいなものがあったらどうしようと、私は悩んでいました。ちょうどそのころ、美輪明宏さんと共演していました。美輪さんは当時男役もしていらしたので、何と夫婦という設定の役柄（笑）。で、相談してみると、「あなた、そんなところに住んだら死ぬわよ」と。日本で唯一、井戸の気を抜くことができるという高僧がいるので、紹介してあげるとも言われたのですが、そんな立派な方だったらそれ相当のお礼も必要だろうし、都合を合わせて来ていただくのもたいへんだとあれこれ考え、別の人にも相談してみました。すると「自分の住む土地なら、自分でお経を上げるのが一番じゃないの」と言われ、なるほどと思ったのです。

お祓いではなく、お経。でも、仏教だ神道だという区別が特にあったわけではありません。女学校が浄土真宗系だったし、鬼子母神がそばにあって御会式《おえしき》を見たりなど、子どもの時から仏教が身近だったので、自然にお経を上げる心境になったのだと思います。それと、ケチなもんだから、お金を出すのを倹約して「そりゃそうだよ、自分で拝んだほうがいいよね」という感じで。あれは怪我の功名じゃなくて、ケチの功名だわね。

（「全身がん　自分を使い切って死にたい」２０１４年５月）

八百万の神に通じて行くんだなという感覚

折口信夫の言葉に、日本人が仏教という寛容な人類教と出会ったことはたいへんな幸せであったけれど、それによって、それぞれが固有に持っているであろう神を心底生み育てることを怠ってしまったのが残念だというのがあります。これがどういう意味なのか、私はずっとわかりませんでした。

伊勢神宮は、天照大神のもとに八百万《やおよろず》の神が集まって頂点となったもので、そこに風の神、燃える火の神などいろいろな神がいる。これを人間の世界に照らし合わせると、それぞれの個が持っている役目みたいなものと、神のそうした状態が通じるんじゃなかろうか。今回伊勢神宮に行くことで、このあたりのことを理解できるかも知れないという思いも、実はありました。

その結果、個々の人が、それぞれの役目を果たすための拠り所とする自分なりの神みたいなものを持っており、それが八百万の神に通じて行くんだなという感覚はわかりました。あなたにも私にも、おのおのが思う神という存在があり、皆に理解できる八百万の神というものに投影されて行く。そしてその頂点としての伊勢神宮に集まってお参りする。折口信夫が言いたかったのは、そういう状態のところに仏教という広大な思想が入ってきたことにより、日本人は、個が持つ神という概念を思想として確立することができなかったということでしょうか。

（「全身がん　自分を使い切って死にたい」２０１４年５月）

〝きょうよう〟があることに感謝しながら

最近のわたしは、〝きょうよう〟があることに感謝しながら生きています。教養ではなく、今日、用があるということ。神様が与えてくださった今日用をひとつずつこなすことが日々の幸せだし、最後には、十分に役目を果たした、自分をしっかり使いきったという充足感につながるのではないかしらね。

（「全身がん　自分を使い切って死にたい」2014年5月）

それは依存症というものよ、あなた

「老い」とか「死」とか、そういうテーマの取材依頼がたくさんきて、困っちゃうのよ。何も話すことなんてないんだから。「死をどう思いますか」なんて聞かれたって、死んだことないからわからないのよ。

私がこういう取材を受けるメリットはどこにあるの？　あなた方のメリットはわかるの。えっ、私の話で救われる人がいるって？　それは依存症というものよ、あなた。自分で考えてよ。

（「全身がん　俳優・樹木希林の死生観」2017年5月）

楽しむのではなくて、面白がることよ

鳥取でホスピスをなさっている徳永進さんと谷川俊太郎さんとで、死をテーマに語る会が少し前にあったの。そこで話した知り合いのエピソードなんだけれど。その家の娘さんは海外生活が長い方なのよね。お父さんがいよいよとなったときに家族みんなで駆けつけた。

で、「パパ!」「起きてよ!」ってみんなで必死に願うじゃない。心電図のモニターの波がツーツー、ツーーーって消えそうになると。でもって、そうすると何か聞こえるらしくて、ツーツーってまた波が戻るんですって。「あぁ良かった」ってホッとして。で、またツーーーってなると、「パパー!」「生きてぇ!」ってなる。ところが、「パパー!」って何回も繰り返しているうちに、だんだんみんなくたびれてきちゃったのね。で、何度目かにまたツーーーってなったときに、娘さんが「パパ! 生きるのか、死ぬのか。どっちかにして!」って。

爆笑だったわね。死をテーマにした会場中が。でもわかるわよね、この気持ち？さらにこの話は続きがあって、そのあと火葬場で待つじゃない。お骨になるまで。部屋で待っていると、1時間くらいして係の人が報告にきた。そうしたらその娘さん、「みなさーん、いまパパが焼き上がりました」って。

面白いわよねぇ、世の中って。「老後がどう」「死はどう」って、頭の中でこねくりまわす世界よりもはるかに大きくて。予想外の連続よね。楽しむのではなくて、面白がることよ。楽しむというのは客観的でしょう。中に入って面白がるの。面白がらなきゃ、やってけないもの、この世の中。

（「全身がん　俳優・樹木希林の死生観」2017年5月）

今の人たちは死に上手じゃなくなっちゃってるよね

でもやっぱり今の人たちは死に上手じゃなくなっちゃってるよね、もう、いつまで生きてるの？　っていうぐらい、死なないし。生きるのも上手じゃないし。

彼岸《ひがん》と此岸《しがん》っていうじゃない。向こう岸が彼岸、彼の岸ね、こっち岸は此岸、こっち岸って書いて此岸っていう言い方があるじゃない。要するに生きているのも日常、死んでいくのも日常なんですよ。

（「樹木希林からの電話」２０１７年１月）

「もっと、もっと」という気持ちをなくすのです

「もっと、もっと」という気持ちをなくすのです。「こんなはずではなかった」「もっとこうなるべきだ」という思いを一切なくす。自分を俯瞰して、「今、こうしていられるのは大変ありがたいことだ、本来ありえないことだ」と思うと、余分な要求がなくなり、すーっと楽になります。もちろん人との比較はしません。

これはやはり、病気になってから得た心境でしょうね。いつ死ぬかわからない。諦めるというのではなく、こういう状態でもここまで生きて、上出来、上出来。そのうえ、素敵な作品に声をかけていただけるのですから、本当に幸せです。

（「表紙の私　ありのままで」２０１８年５月）

幸せというのは「常にあるもの」ではなくて「自分で見つけるもの」

どうやったら他人の価値観に振り回されないか？　「自立すること」じゃないでしょうか。自分はどうしたいか、何をするべきか、とにかく自分の頭で考えて自分で動く。時に人に頼るのもいいかもしれないけれど、誰にも助けを求められないときにどうするかくらいは考えておかないと。

もっと言えば、その状況をおもしろがれるようになるといいですね。幸せというのは「常にあるもの」ではなくて「自分で見つけるもの」。何でもない日常や、とるに足らないように思える人生も、おもしろがってみると、そこに幸せが見つけられるような気がするんです。

（『こんなはずじゃなかった』それでこそ人生です。」２０１６年６月）

浄化されてお仕舞いにしたいという野望はあります

（やり残したこと？）そんなの、ありませんよ。もともと欲がないんだから。もちろん、自分の言動に反省することは日々死ぬまで続けていくと思いますけどね。ただ、浄化されてお仕舞いにしたいという野望はあります。経典にある「薪尽《たきぎ》きて火の滅するがごとし」が理想です。迷惑をかけた人達に「すみませんでした」と告げて、パッと燃え尽きることができたら最高だなぁと思います。私はね、女優としてではなく、一人の人間として、ひっそりと逝《ゆ》きたいのよ。だからもし私が表舞台から姿を消しても、決して追いかけないでね。

（「『私』と『家族』の物語」２０１５年６月）

最後には「やがて哀しき」に終着するのです

「おもしろうて、やがて哀しき」

私は、人間という存在そのものが「やがて哀しきもの」だと思っています。日本人には「ものの哀れ」という感覚がありますが、人はみな、どんな人生を送ろうとも、最後には「やがて哀しき」に終着するのです。

（「オカンと裕也と娘・也哉子と」2007年5月）

「まあご親切に。おたく、どちらさま？」

私は死ぬとき、夫が「おう、大丈夫か」と言ったら、「まあご親切に。おたく、どちらさま？」って、これだけは言ってやりたいと思って（笑）。

（「マリコのゲストコレクション」2016年5月）

「孫が3人いるロックンローラーもいないでしょう？」

（今、幸せですか？）それは……幸せなんじゃないの？　だって内田が言うんだから。「孫が3人もいて、お前みたいに幸せな女優はいないぞ！」って。だから私も負けじと、「孫が3人いるロックンローラーもいないでしょう?」って言い返す。そうすると、内田さんも認めます。「う……わかってる、俺も幸せだ!」って（笑）。

（「花と遺影」２０１６年６月）

最期は娘に上出来! と言ってもらいたい

やっぱり、ぽっくりがいいわよね。私の両親はふたりとも70代半ばで、床に伏して1週間ぐらいで逝ったのね。子どもとしては、とてもありがたくて、上出来! と思いました。私自身も、両親と同じように、最期は娘に上出来! と言ってもらいたいと思うわね。

（「8年ぶりにおふたり登場! スペシャル対談」２０１６年６月）

【第2章】家族のこと

樹木が内田裕也と再婚したのは１９７３年、30歳のときである。１９７６年に長女の也哉子が生まれる。１９８１年、38歳のとき、内田が樹木に無断で離婚届を出し、樹木は離婚無効の訴訟を起こし勝訴した。１９９５年、也哉子が俳優の本木雅弘と結婚。モデルの長男・雅楽《うた》、女優経験もあり現在学生の長女・伽羅《きやら》のほかに、次男・玄兎《げんと》がいる。也哉子、伽羅は、それぞれ二度ずつ樹木と同じ映画に出演している。

内田雅樂、也哉子、本木雅弘、内田伽羅、裕也、玄兎の各氏。

2017年のはじめ、都内で撮影した家族写真。左上の樹木から時計回りで、

ほんとに笑っちゃうような家庭

私の母は神田・神保町でカフェを経営してて、父は所轄《しょかつ》の刑事（後に琵琶奏者）で、出会いました。母は再々婚。父は年下で初婚。父は日本の男には珍しく妻に甘えるのが上手でね（笑）、母が大手術して命が危なかったとき、毎日病院へ行って、看護師さんたちが、「奥さんが亡くなったら、すぐもう一つお葬式だ」って言うくらい消沈してたんです。

そのときは母の手術はうまくいき、その後また2人は仲よく生きていたのですが、次に具合が悪くなったときには、今度は父に好意を寄せる女性が出てきちゃって。でもおかげで、母が亡くなった後は、楽しみがあったせいか、父はあまり打ちひしがれなかったですね（笑）。

だから、そんな父を見ていると、残る人のためには、次の何かを見つけるということは、大事な気がしますね。

ほんとに笑っちゃうような家庭で、複雑なんだけど、それも面白がるような家族でしたね。あんまり当たり前の感覚はわからないんですが、それでも夫婦が同じお墓に入っているというのは、子孫にとっては安心なんですね。もちろん子どもが離婚したら、当事者より親の気持ちのほうが動揺するけれども、それと同じように、子孫から見たら親がちゃんとしているほうがいいかなって。

（「家族というテーマは無限大です。」２００８年７月）

私が父親に「もうかえんな」って言うんだって

いつも父親が仕事に行く前に、私を妹の乳母車に乗せて幼稚園に送ってくれてたんですけど、子供心に乳母車に乗せられて行くのが恥ずかしかったんでしょうね。幼稚園が近くなると、私が父親に「もうかえんな」って言うんだって。だから「本当に呆れた」って（笑）。

でも口数は多くなかったんです。幼稚園でもムスッとして殆ど口きかないから、あんまり好かれないし。幼稚園の集合写真なんか見ると、いっつも隣の子との間に隙間があって、一人だけプッと脇へ外れてるわけ。それも自分からというより、押し出された感じで。それが私の典型ですね。

（「これがはじまり」2008年12月）

私は一番前に座ってチャンネルを替える権利があって、嫌な小学生でした

母親が日銭を稼ぐ商売人だったので、テレビは電気屋にしかない時代に早くも買っていました。窓を開けて、近所の人に見せてましたよ。私は一番前に座ってチャンネルを替える権利があって、嫌な小学生でした。

狭い空間で一緒に譲り合って住む方が心が豊かな子になるんじゃないかと思うのね。私なんかは、自分だけの部屋があったから、すごくわがままで嫌なやつになった。でも嫌なやつの部分が役者に生きているという感じかな。

（「この人を深掘り！」2016年6月）

オネショをしてたことが引け目になって、私に影を落としてた

今思えば、小学校の3、4年生までオネショをしてたことが引け目になって、私に影を落としてたんじゃないかな。叱るような親じゃなかったのよ。いいよ、いいよっていっしょに布団干したり、私が学校休んでも逆に父親が喜んでそばにおきたがったり。そういう風に（愛情たっぷりに）育ったわりには、ヤな奴だったんです、偏屈で。お客さんが来ても照れて挨拶もできなければ、人となじむこともしない。それでだんだん引いて人間をみるようになったんだろうな、と思いますね。振り返ると脈絡のない性格ではないの。ああだったからこうなったと、思いあたるフシがある。で、役者になっても反抗的で――。

文学座の試験を受けたのは、薬剤師にでもなろうと思っていたのが、受験前にスキーで骨折して受けられなかったから。母親が商売をしてたんで、就職する必要がなか

った。といって料理学校や洋裁学校には行きたくなかったから、どこか試験受けて入るところないかなと探してたところにたまたま（文学座の）新聞広告が目に入った。

（「この女性の軌跡」２００１年７月）

私がしっかり土台をつくっておきさえすれば、この家族の絆はなくならない

我ながら、自分は変わった人間だなあと思います。愛情深いタイプでないことは自覚していますが、冷徹であろうとしているわけではないんです。でもやっぱり、他人様からすると、情が無いと思われるのかもしれません。

私は並外れて執着心が無い人間のようです。夫についても、娘についても、自分自身についても、まったく執着するところがありません。

なぜ自分はこんな人間になってしまったのだろう。そう考えるとき、思い当たるの

は、自分の心の内にある「生きることへのしんどさ」。それは子どもの頃からずっと、私の中にありました。しんどいと思いながら、ここまで生きてきたんです。

幼いころの私は、あまり丈夫な子ではありませんでした。小学校の運動会の障害物競走では、ゴールにたどりつく前に先生に「はい、おしまい」と退場させられた（笑）。

ほとんど口もきけなかったそうです。当時住んでいた三田の札の辻のご近所さんたちは、私が女優になったとわかったとき、「あの口のきけない啓子ちゃんが女優になったんだってよ」と大騒ぎしたらしいです。

父親は薩摩琵琶の奏者で、時間があれば一日中、ニコニコして、琵琶を弾いていた。でも、琵琶で生計を立てられるほどではなかったから、その分母親が一生懸命働いて、持ちこたえているような家でした。父は皮肉をこめて、「いい星の下に生れたお父さんね」とみんなに言われていました。

芸事への取り組みという点では、私は父に似ていると思います。ひとつことに熱中して、それをやってさえいればニコニコしている。でも、自分の家族を形づくるという点では、私は母のやり方を意識していたのかもしれません。
少々大黒柱がひしゃげても、歪んでいても、土台さえしっかりしていれば家は何とか立っていられる。生まれ育った実家の環境から、私は家族というもの、父親、母親というものをそんなふうに理解していたようです。だから、自分の結婚生活についても、私がしっかり土台をつくっておきさえすれば、この家族の絆はなくならないと信じていられたのかもしれません。

（「オカンと裕也と娘・也哉子と」２００７年５月）

自分も似たようなことをやっているんです（笑）

うちの母は夜中に隙間風が寒いからって、おでこにマスクをつけて寝たりして、母のやることにはいちいちぞっとさせられてきましたよ。でも考えてみれば、自分も似たようなことをやっているんです（笑）。

（「50歳からの10年が人生を分けていく」２０１６年６月）

私が私として生き生きと存在しようとしていれば、それは尽くすということになる

私は飾り、お飾りっていうふうに考えるんですね、男を（笑）。いい意味でのお飾りですよ。お飾りがいくら立派でも、土台がフニャフニャだったら、かしいじゃうわけですよ（笑）。

私が、なぜ旦那と別れないかと言うとね。十分に旦那がお飾りであるからなんですよ（笑）。私にとってですよ。夢や志を振りかざしたお飾りを十分演じてくれる。お飾りが立つまでにはいろいろあるけど、その周りのゴチャゴチャしたことは、どうでもいいということになるんですね。ただ、まだ一緒に住むところまでいかないんですね（笑）。

私は育てたり立てたりはできないから。私が男に尽くすというのは、こうしてあげ

るとか、足りないところを補ってあげるとか、そういうことじゃなくて、私が私として生き生きと存在しようとしていれば、それは尽くすということになるんだというのが、私の考えかなあ。

（「そして、現代に貞女はいなくなった…」１９８８年３月）

主人はとっても、人を生かすことができる人間なんです

いさかいが三年ぐらい続いて、結局は私が荷物を出して、そのままになっているんですけれど。だから、私自身、主人には何もしてあげてないんですから、主人に女の人ができようが、どこでどうしようが、それはとやかくいう権利がないんですけど、主人は私がいちばん感応できる人間なんです。

それが、不思議なんですけどね。以前、裁判所で闘ってたわけですよね。公衆の面前で闘って、主人からは罵倒されていた妻。しかも、主人はある女優さんとスキャンダルが出ている、そんなときにね、親子三人で写真館で写真撮ってるんですよね。

会っていると、なんとなく主人がうつむくんですね。だから私、励ますんです。「あなたは日常生活はめちゃくちゃだけれど、それは私がとやかくいえる筋合いでもないんだけど、とにかくあなたと出会った人は、その人のいいところを出して、あなたと出会う前よりキラキラ輝くでしょう。男でも女でもかかわりなくね。それがあなたの素晴らしさなんだから」って。そしたら、「うれしいなあ」といってましたけど。主人はとっても、人を生かすことができる人間なんです。この汚れた心根《こころね》の渦巻いてる芸能界では貴重なんです。ま、写真見るとおもしろいですよ。子供は保護者みたいな顔してて、私と主人はニコニコ無邪気なんですから。

（「男と『感応』しあえる生き方とは」1988年11月）

お互いに中毒なんです。主人は私に、私は主人に

（主人は）なかなか出会える人ではありません。向こうも、これだけ、へこたれない女はいないって。お互いに中毒なんです。主人は私に、私は主人に。だから、別れら

れないんです。

でもね、娘がね、主人と女優がハワイで写ってる写真を見て、「……こういうの、いやじゃない？……」って声をたてずにハラハラと泣いたんです、ほんの一分。そしてスッと「ごはん食べよ」って言いましたけど……。私じっと見てました。うまく言えないけど、思わず私、この娘《こ》の感性と将来性に期待しましたね。

私が人間としても、役者としても欠けてる――それがこれなんです。主人がね、「いい子に育ってるなあ」って会う度に言いますけど、その意味が解りましたね、この時ばかりは。私ね、ずーっと毒ばらまいてきましたから評判が悪いんです。主人はいつもハラハラしてて、で、どっかで悪口を聞くと体張ってケンカしてくるんです。よく「俺はお前をフォローするんでくたびれはてる」って。ちょっとフォローの仕方が、並はずれてるんですけど。

（「男と『感応』しあえる生き方とは」1988年11月）

内田とのすさまじい戦いは、でも私には必要な戦いだった

最近大笑いした占いがあるの。知りあいの中国人占い師が、どうせ知れてるから観なくていいと私が言うのにむりやり観てくれて、〝あなたはいかなる夫とでも最悪の妻になる星だ〟って。笑っちゃったわよ。（しみじみ）〝わかるわ〜〟って。

内田とのすさまじい戦いは、でも私には必要な戦いだった（編注・議論はささいなことにも及んだ。たとえば玄米を食べる妻に向かって、健康なんか気にしてロックがやれるか、と夫がわめくという具合に）。戦いの最中にはたいへんな旦那さんをもらったって周りになぐさめられてたんですけど、しまいには内田が〝疲れる〟って言ったんですよ。〝おまえを興奮させておくのは努力がいる〟って。

世間ではそう思われてない。というのも（常識的なことは）私のほうがソツなくこなしているから。私も当初はなんでこんな恐ろしく激しい人間といっしょにいなきゃいけないのかって思ったけど、いまは（心から同情して）たいへんな女房に出会った人なんだな、と。

（たとえば新しい女性ができたと聞いて）ヤキモチ焼いてわめきもすれば、内田もいいカッコして生きられるんだろうけど、〝あっそう。ちょっとムッとするけど助かるわね。そっちと結婚する？〟なんて言っちゃうからね。向こうが籍を抜くと言ったときは〝それは違うでしょう〟と言い、向こうがそんな話をしてないときに〝必要なら抜くよ〟と言う。（わが身をほとほともて余した様子で）男にカッコいいことさせてあげない私は、まあ、いかなる意味でも最悪の妻でしたねぇ。

（「この女性の軌跡」2001年7月）

実は救われたのは私のほうなんです

DVが酷くて、こっちもやり返すものだから大変だったのよ。近所の金物屋で「なんでオタクは包丁ばかり買いに来るの？」って訊《き》かれたこともあったわね（笑）。世間の人は私をDVの被害者だと思っているかもしれませんが、内田には感謝しているんです。若い頃の私は、裡《うち》にマグマみたいな激しい感情や自我を抱えていて、「こんな状態でどうやって生きて行けばいいんだろう」と戸惑《とまど》っていた。そんな時、更に激しい自我を持つ内田に出会ったのね。彼と一緒にいると、自分は意外とまともなんじゃないかと、楽な気持ちになれた。だから、実は救われたのは私のほうなんです。

そりゃ若い頃は大変だったわよ。でも時が経《た》って年を取るにつれ、ぶつかってばかりはいられなくなるし、それにちょうどいい距離感というのがわかってくる。それまでにちょっと時間がかかりすぎたかもしれないけどね（笑）。

（「『私』と『家族』の物語」２０１５年６月）

妻という場所があるから、私自身も野放図にならないですんだ

亭主と顔を合わせるのは、年に1回か2回。亭主元気で留守がいい、と言うじゃない？　そもそも私は、「みんなよく他人と一緒に暮らせるなぁ」と感心しているんです。私は、人とべったり一緒に暮らすのが向いていない性質《たち》ですね。

あちらも大変な方ですが（笑）、まぁ、私もかなり大変な人間だと思いますよ。『歩

いても　歩いても』（2008年公開）という映画で共演したYOUちゃんが、「なぁんだ、裕也さんがヘンだと思っていたら、お母さんのほうがずっとヘンだった」って言っていました。

なぜ別れないのかとよく聞かれますけど、説明のしようがないというか。理由はあるのかもしれないけれど、結果としてこうなっているだけで。それに夫がいるというのは、都合がいいですよ。あの夫がいるということで、守られている部分も多少はあるし。妻という場所があるから、私自身も野放図《のほうず》にならないですんだ。人も余計な誘いをかけてこないし。若いころは、私だって誘われてもおかしくなかったですから。向こうは、女房がいるということをどう思っているのか、本人に聞いていないからわからないけれど。

（「妻という場所のおかげで、野放図にならずにすんだ」2015年6月）

「花屋も生活がかかってるんだ！」

私よりも内田さんのほうが優しいと思いますよ。あの人は、誰に対しても優しい。私が若い頃、森繁久彌さんの舞台を観に行ったときに、お花が死ぬほど贈られてくるのを見て、「何てもったいない」って思ってね。自分が舞台に出るときは、方々に、「花は贈らないでください」と連絡を入れたの。そうしたら、あらかじめ連絡まではとらなかった、どちらかというと縁の薄い人から届いちゃったりして（笑）。

そうしたらうちの夫が「花屋も生活がかかってるんだ！ 花は贈るなとか、そういうことを大きい声で言うな！」って怒るの。だから、小さい声で言うようにしてるんですけど（笑）。ハワイに行ったときも、スーツを新調したいって言うから付き合ってたら、似たようなのいっぱい持ってるのに、あれこれ迷うんです。それでそのうち私に怒るの、「お前もなんか買え！」って。お店の人にも生活があるのだからって。あの人は、3万円しか財布になくても100万使うとか、人のお金と自分のお金の区別がつかないだけで、私よりずっとノーマルな人なんです。

（「花と遺影」2016年6月）

存在をそのままに、あるがままを認める

ま、（夫婦関係が）今は元に戻ったというか。

最終的にこういうところに着地したってことは、なかなかいい人生の閉じ方だと思います。それがやはり子どもにも伝わり、孫にも伝わるだろうな、と。これまでのまま、戦ったまんまでいたんでは、ね……。長い戦いを経て、ここにたどり着いたときには老老介護ですけどね（笑）。

良かった、の一言で済むことじゃないの。人というのはこのように、受け取り方を変えれば、同じ人間がこういうふうにガラッと変わって生きられるんだということなんですよ。

「やさしくなった」って、自分で言ってるんですけど（笑）、やさしいというより、いたわるというか。むしろ相手の気持ちに入って、う〜ん、何て言うんだろ、理解したっていうかな。認めるというのかな。夫を認める。もちろん子どもも認める。存在をそのままに、あるがままを認めるってことかな。そうしたらずいぶん楽になりまし

た。

（「嘘のない人生を生きたいと思う、だからいま、こんな夫婦です。」２００９年１月）

言葉ひとつで、人が、長い歴史の夫婦が癒される

１００歳近くになる私のおばがね、夫のすごい女道楽で苦労したんですよ。まぁ明治の男によくあるタイプだったんですが。そのおじが60になるかならないかで病院で死ぬときに、「お前には苦労かけたな」って言ったんですって。子ども背負って芝浦《しばうら》（東京）から飛び込もうと思ったような苦労があったのにね、その一言でおばがね、すっかり許せたって言うんですね。だからそれから40年以上、生きてるんですけど。

私たちはずっと生きていけちゃうような気がしますよね、一瞬一瞬はね。その結果、そういう言葉の掛け合いみたいなものがね、ない。

そう。言葉ひとつで、人が、長い歴史の夫婦が癒されるんじゃないかなって思います。やさしい言葉ってんじゃなくて、夫がやさしくなれるような言葉。妻の心が溶け

るような言葉。やさしく声を掛ける、ということじゃないんですよね。なんか言葉って面白いな、って思いましたねぇ。だからって言葉を巧みに使おうってんじゃないけど。

（嘘のない人生を生きたいと思う、だからいま、こんな夫婦です。」２００９年１月）

まず謝罪というのをしておかないと死ねない

私はがんになったときに、命が限られたと思いました。そのとき、私がやらなければならないことは何だと考えたんです。子どもは自立して、孫もいて、孫は親たちがいるから大丈夫だと。

問題は夫なんですね。さして自分では悪いと思わなかったんですが（笑）、長い間ほっぽっといたことはとりあえず悪い。向こうの悪いことは棚に上げておいて、私の悪かったことをずっと考えていって、まずはどうあれ夫に謝まってしまおうと思ったんです。まず謝罪というのをしておかないと死ねないと思ったんですけど、それを夫に伝えるのも大変なんです（笑）。電話だとお互い話してるうちにカアーッとくるので、最近は必要なときはファクスで連絡を取り合ってるんですね。

それで何とか会うことになったんですが、夫は最初からテンションが上がっちゃって、一人でしゃべり続けて、私が、「今日は……」などと言いかけると、「ちょっと待て」と言って、関係のない日常の話をするわけです。向かい合ってきちっとした話をするということが、今日まで三十何年間したことがなかったので、彼としては居たたまれないわけですよ。でもこっちはこれを逃がしたら二度と機会はないと覚悟しているので、食事もとっくに終わっていますし、いよいよだと正座をして、「今日までいろいろご不満もおありでしょう。大変申し訳ないことをいたしました。すみませんでした」って、芝居みたいになりましたが、それだけ謝って別れたんです。それくらい私の家は、夫婦であっても、会話のできない夫婦でした。

結婚生活なんて、何か月もなかったという感じなんです。でも私は、病気をした結果、そこに行きつけたというのは大変な収穫だったと思うんですね。

その後、あの話をした夜、夫がある人を呼び出して、そば屋でビールを飲んで、お銚子を20本くらい空けたと聞いたんです。呼び出された人によると、夫はすごくテンションが高くて、とても嬉しそうで、あんな姿を見たのは初めてだって。その話が私のところに伝わってきたとき、私はこれでもう死ねるなと思いましたね。

（「宇津井健さん、樹木希林さんをお迎えして。」２００７年１月）

「向こうが悪いんだ」と言い続けて、何が生れるのでしょう

私だって（夫に）恥をかかされたという想いも無きにしもあらずなんです（笑）。でも、それを言ってしまっては修復にならない。それに、あのときの心境を突き詰めて考えると、内田に対して謝るというより、この世の皆様に対して、私が存在したこと自体を申し訳ないと思う気持ちでした。

ああいう心境というのは日本人特有の感覚だと思います。

外国で自動車同士がぶつかったら、互いに絶対に謝らないところからスタートするというけれど、私は昔から日本人がもつ、自分が悪いかどうか分からなくても「ごめ

んなさい」と言う気持ちが好きです。「とんでもない。向こうが悪いんだ」と言い続けて、何が生れるのでしょう。私は体力が無いから、戦うエネルギーの無駄を考えてしまいます。

（「オカンと裕也と娘・也哉子と」２００７年５月）

「あのとき離婚しなくてよかったな」

夫と会うようになって1年くらい経ったときに、夫と軽井沢にある藤村志保さんの別荘にお邪魔したんです。その帰り、品のいい白髪のご夫婦に「こんにちは」って挨拶されたんです。「はい、こんにちは」と挨拶を返したけれど誰だか思い出せない。新幹線に乗ってからハッと気付いたんです。それは、偶然にも、私たちが30年前に離婚を争ったときの弁護士さんでした。

その弁護士さんに「あんなにイヤがっているんだから、別れてあげなさいよ」って言われたんですけど（笑）、私は離婚しないの一点張りで、結局夫は負けたんです

（笑）。

それでね、電車の中で夫が言うんです。「あのな、お前な、一応結婚して、子どもがいて、孫が二人（注・現在は三人）もいて、今日普通にやっているというのは、幸せな女優だぞ。大概の女優は大変なんだぞ」って。思わず私も、「孫がいて、あなたも幸せなロックンローラーじゃありませんか」って言いました。「そうだな」って二人で話をしていたら、夫が、「離婚しなくてよかったなあ」って言ったんです。

「あのとき離婚しなくてよかったな」という言葉を、夫からもらえるとは、思ってもいませんでした。この何十年間、無駄だったかなとも思うけれど、そういうものがあって今日の、遠慮もあり、相手を労《いた》わる気持ちもあり、尊重もし、なかなかいい状態の関係になれたんですよね。こういう夫婦の形もありかなと思います。私は今、あの主人と出会ったことは、私の人生の中で、大変な宝です、と言える気がしています。

（「宇津井健さん、樹木希林さんをお迎えして。」2007年1月）

「平和は食べられない」（笑）

スイスの名だたるレストランへ親子三人で行ったんですね。注文するときに「ここで一番の料理は何だ」と言ったら、「これだ」「じゃ、これをくれ」と言って出てきたのが鳩料理だったんですね。「私は食べないからね」と言ったら、娘も「食べないから」と。「いや、こういうところに来たら、こういうものを食ってみる、これは大事なことだ」と言ってね。

実際、鳩が詰め物をして出てきたら、「これかあ」。それでしばらくたって、「これ食え」と言うから、「私食べないって言ったでしょう」、娘も「だから私も食べないって言ったでしょう」と言ったら、コックさんをよんで、「平和は食べられない」（笑）。「ピジョンは平和だから平和のシンボルは食べられない、どうぞそちらで」と（笑）。言うことが最後まで、おもしろいでしょう。

（「用の美、魯山人」２００３年11月）

「お母ちゃんの、そういうときの顔がいやだ」

子供は自分のもう一つの姿だっていいますけど、うちの子、親に似ない性格の子なんですよね。ついこの間、うちの子がある店へ行ったら、そこに居合わせた女の人が、「私はあなたのお母さんの友だちよ」っていったというんです。私、その人の名前を聞いて、「顔見知りではあるけど、友だちではない」って怒ったんです。だってその人、あるお坊さんの愛人で、することないから、いつもぐだぐだと、洋服屋さんでだべってる。

で、思わず小指をつき立てて、「あの人はこれなのよ」っていったんですね。そしたら娘が、「わかった、もういい」っていうんです。なんだかサラッとかわされた感じがして、「ほんとなんだから」っていったら、そうじゃなくて、「お母ちゃんの、そういうときの顔がいやだ」。相手がどうであれ、そんなことをいう母親の顔がいやだ、って。親の姿を見て、これじゃだめだと思うんでしょう。しっかりしてます。

（「男と『感応』しあえる生き方とは」1988年11月）

買えるのに買わないというのも、なかなかエネルギーがいること

もし私が（娘に）やったことがあるとすれば、受験に始まって、あそこがこうだからうちもこういう物を買うとか、そういう競争をいっさいさせなかったことですね。Tシャツなんか買ってあげたことなくて、全部お父さんのお古。小学校（インターナショナル）の制服が変わったときも、古いのでもいいということだったんで新調せずにいたら、あの子、自分の貯金をはたいて買ったんですよ。知人には〝可哀想よ〟と言われたけど、買えるのに買わないというのも、なかなかエネルギーがいることでね。

（「この女性の軌跡」2001年7月）

私たち母娘のこの不思議な距離感は、也哉子が幼いときからずっと同じ

私たち母娘のこの不思議な距離感は、也哉子が幼いときからずっと同じです。これ

まで何度か海外に留学させましたが、ひとたび離れ離れになってしまえば手紙を出すことさえなかったんです。

小学生でアメリカに行かせたときは、ホームステイ先まで連れて行って、也哉子が近所に遊びに行っている間に「じゃあ、失礼します」と帰っちゃった。結局、手紙も一通も出しませんでした。

高校生でスイスに留学させたときは、アメリカよりも遠いところなんてと思ったとたんに、アメリカのとき以上に連絡をとるのが億劫になって……。クラスメイトの中で、手紙もファックスもプレゼントも、何も届かないのは也哉子だけだったようです。

でも、あるとき一度だけ、突然ダンボール箱にいっぱい荷物をつめこんで送ったことがあったんです。「也哉子のうちから何か届いた！」と言って、珍しがったクラスメイトが集まったそうです。それなのにウチでいらなくなったものが詰め込まれていたって（笑）。送った当人は今となっては何を送ったのか覚えていないんですが、とにかくそれを見たみんなが「エーッ」と顔をしかめるようなものだったそうです。

（「オカンと裕也と娘・也哉子と」２００７年５月）

あの子は存在そのものが人を癒す

あの子（也哉子さん）は存在そのものが人を癒すでしょう。どんな名のある人に会おうが駅ですれちがった人であろうが、おんなじにできる。あれだけは財産だと思いますね。親が教育しなくても、世の中が教育して引き立ててくれる。そういう意味では得な性格を表にもちました。

（「この女性の軌跡」２００１年７月）

何の面倒もみないし、何の責任も持たない

十年ほど前、十九歳だった也哉子が「人に勧められたから本を出したい」と言ってきたとき、私は大反対しました。「あんたの小学校の作文は私が見てあげたんだから。作文も満足に書けなかったのに、本を出すだなんて止めなさい。そんな本が残ったら、

あとでみっともないんだから」と、はっきり言ってやったんです。でも、「良い文章だって言われたから〜」と、娘はゆずらない。結局、彼女は出版することを決断して、それ以後エッセイストとして活動するようになりました。

あの日以来、私は娘のことを、自分とは別個の人格をもつ大人として扱うようになった気がします。その代わり、それからは、何の面倒もみないし、何の責任も持たない。あなたのやっていることについて、私は何も知らないよという態度を貫いているんです。

そういえば昨晩も、長男のことでため息をついていましたけど、知らんぷりして「ワイン残ってなかった？」と聞いたら、沈んだ声で「そこに残っているわよ」って。私は「ちょっともらいまーす。じゃあ」なんて言って、逃げちゃった（笑）。自分自身の人生だけでもへたばっているのに、他人の相談に乗るなんて私にはできるわけがないですから。


（「オカンと裕也と娘・也哉子と」２００７年５月）

「結婚相手は長男はダメよ」

家の物件を見るのが好きなので、お墓についても、もう何年も前にいい物件を買ってあったんです。すぐにお墓をつくるつもりは無かったんですが、ちょうど内田の母親が亡くなって、内田の本家のお墓に入りきらない骨をおさめることになりました。でも、そこではたと気がついた。自分たち夫婦が死んでも、也哉子がお嫁に行ってしまったら、供養してくれる人がいなくなると。それで「あなたはお墓の永代供養しないといけないんだから、結婚相手は長男はダメよ」と、也哉子にずっと言い含めておいたんです（笑）。「財産はないのに、借金だけはあるというような家だけども、内田という名前を引き受けてくれる人じゃなきゃダメ」と。

だから、也哉子は本木雅弘さんからプロポーズされたときに、まず最初に「うちは養子じゃなきゃダメだから」と言ったんですって（笑）。彼は次男で、ずいぶん悩まれたと思うけど、引き受けてくださった。一応、筋の通った話ではあるんです。

よく間違えられるんですが、本木さんに内田の籍に入っていただいたのは、裕也の何かを引き継いでほしかったからではありません。裕也については、むしろ引き継いでほしくない部分がたくさんありますから。だけど最近、孫が裕也によく似てきてしまって（笑）。破天荒なところと、繊細なところが入り混じって、判断がつきかねる。親が二人して手こずっています。

（「オカンと裕也と娘・也哉子と」2007年5月）

自分の感性に十分にお金をかけるほうがいい

中学に行ってもあの子（也哉子）のために洋服を買ってあげたことはないんです。もちろん物を欲しがるということは無意味だということは言ってありますけどね。だから、ある洋服でアレンジするのがうまくなっちゃったんですよ。物を買う代わり、自分の感性に十分にお金をかけるほうがいいと思っていますからね。

（本木さんが娘の）どこが気に入ったのか私は知りませんが、ただ彼が「結婚してくれませんか」と言った後に「もし、断わられたら僕はもう50歳くらいまで結婚できないだろうな」と言ったんですよ。「次を見つけるまで大変だろうな」って。28歳の青年がそんなふうに言ったんでね……。

もしかして断わられたら、来年には次の人を見つけられたかもしれませんけどね（笑）。

（「モックン　内田也哉子さん〝七夕挙式〟特別企画1」1995年7月）

世の中につながる結婚というのはダメになったときの責任も重大

今回結婚式をしなさいと（娘に）言ったのも「ひとつここで自分を晒《さら》しなさい」と言ったのね。世の中に対して「こういうわけで自分たちは結婚します」という意思表示をする。儀式にはそういう意味がありますね。その意思表示をきちんとしておくと、もし、それが壊れても、壊れたことがとてもその人の成長に役に立つんだよと、言ったんですね。ズルズル〜と同棲《どうせい》して、チャチャチャと籍を入れて、あっ、また抜けましたというのも簡単でいいんだけれども、世の中につながる結婚というのはダメになったときの責任も重大なんですよ、絶対に。その責任を背負うことによって、その人が成長するという考え方なんですね。

（「母樹木希林が親友に打ち明けた〝七夕挙式〟までの全秘話」1995年7月）

自分がやったことに最後まで責任を持て

フフフ、うちの子、自分の髪で日本髪を結うというのにふだんはメッシュなんですよ、ブルーと白の。だから私は「この色で日本髪を結いなさいね」と言ったの。そしたら子供はとまどって後ずさりするわけですよ。「やっぱり日本髪のときは、黒がいい」って日和《ひよ》ってくるわけですよ（笑）。でも、「そんなの冗談じゃない」とガンと言って。そこらへんまで本気にならないと、人間を変えることはできないんですよ。だから、自分がやったことに最後まで責任を持てということですね。そこが今回、私のいちばんの教育かな。

（「母樹木希林が親友に打ち明けた〝七夕挙式〟までの全秘話」1995年7月）

私なんて、家族でいる時が一番緊張するんだから！

家ではしょっちゅう「あー、また言っちゃった」「今の言葉取り消したい」てなことばっかりよ。うちは家族が全員敏感だから、孫に至るまで、「ばあばが失言してフォローに走っているんだな」とバレるのよ。だからもうお手上げ。言い訳しても恥ずかしいだけでしょう。

実は深く反省している一件があるの。兄の雅樂《うた》と妹の伽羅《きゃら》の、2人の孫のうち、私はなぜか伽羅と波長があわなくて。なにしろ、やっと口がきけるようになって言った言葉が「ばあば、キライ」。低い声でかわいくないわけ。雅樂なんて気を使って、私がおみやげのお菓子を「これ、食べなさい」と渡すと、すかさず「ね、ばあばは優しいでしょ、好きになったでしょ」って妹に聞くのよ。

ある時、なぜか伽羅と2人で知人のパーティーにいくことになったのね。で、道路を歩く時に危ないから手をつなごうとしたら、さっと手をひっこめたのよ。頭にきて言っちゃったわけだ。「なによ、その変な服！　似合わないヨ」って。いや、ずっと思ってたのよ。なんかこの子変な服着てきたなって。

パーティーの途中で私は帰ったのね。でね、私の姿が見えなくなったとたん、ウワーと大泣きしたんだって。次の日、也哉子が、「ちょっと言いにくいんですけど、あいうことは言わないでくれますか。あの洋服はいただきもので本人も気に入っていなかったの。でも、贈り主がパーティーに見えるから、お礼の意味もこめて着ていくことを納得させたのよ」ですって！

私なんて、家族でいる時が一番緊張するんだから！

（「さりとて家族は、気持ち悪いぐらいでいい」2008年6月）

芸能の家に生まれた面白さもあるけれど、損もある

文春新書

BUNSHUN
SHINSHO
文藝春秋

（お孫さんに女優になりたいと言われたら？）もともと遺伝子がそういうものだから、仕方ないわよね。芸能人であるがゆえの得も、芸能の家に生まれた面白さもあるけれど、損もあるわけじゃない。その意味合いを承知してるんならば、反対はしないわよ。

（「人の目に立つ場に出れば、裏側も見られて当然。芸能界は、そんな生易しいもんじゃないのよ。」２０１５年６月）

この人はこういう性格なんだと思うだけ

今、娘一家はイギリスに行っちゃったけど、それまではうちの上に住んでました。家族円満に見える？　なんかねぇ。円満になっちゃったのよね。最初はそうじゃなかったのよ。本木さんとは全然性格が違うから、よくわからなかったし。ただ、みんな調整しながら、譲り合いながら乗り越えてきたんだわね。

別に我慢や無理はしてないですよ。ああ、そうなんだ、この人はこういう性格なんだと思うだけで、どうこうしようと思わない。それは子どもや孫に対しても同じ。まぁ、二世帯住宅で、台所も玄関も違うし、まったく会わない日がいっぱいあった。距離がおける暮らしだから、やってこれたんでしょうね。

（「最期ぐらいは裕也さんの歌を聴きながら…」2017年1月）

〝この野郎！〟となっても、〝杖はどこいった？〟じゃどうしようもない

うちは年をとっても若いときと変わらない。性格がまったく同じだから、何を考えてるか読み取れるし、争いにもなる。ただ、最近は年とってきてエネルギーがなくなったからケンカしなくなっただけ。〝この野郎！〟となっても、〝杖《つえ》はどこいった？〟じゃどうしようもない。そのうちに〝面倒くさいかぁ〟で終わり。別に仲よくなったわけじゃないのよ。

（「最期ぐらいは裕也さんの歌を聴きながら…」2017年1月）

あたしだって面倒くさいから独りで逝きたいわよね

娘にはね、お母さんが先に死んでお父さんが残ると困ることがたくさん出てくる、って心配があるんですよ。そしたら占いの人に「大丈夫です。お母さんはつまんないことでちょっと転んで、あれ、起き上がらないなと思って見てみたら死んでるとか、そういう簡単な死に方をします」って言われたらしいの。それで時々電話して「生きてる?」って聞いた方がいいって。

そしてね、こうも言われたらしいのよ。「お母さんが死ぬときには即座にお父さんの襟首つかまえて逝くから大丈夫よ」って。あっははは。だからね、その話をあたしが内田さんに喋ったの。そしたら「頼むから独りで逝ってくれ」って。あたしだって面倒くさいから独りで逝きたいわよね。でも占い師がそう言うんだもん。可笑しいったらありゃしないわね。ま、そんなふうに面白がってますから、あたしたち。

（「『全身がん』を告白した『樹木希林』インタビュー」２０１３年３月）

【第3章】

病いのこと、カラダのこと

樹木は子どものころ、あまり丈夫ではなかった。60歳を境に病気がつぎつぎと襲う。2003年、60歳で網膜はく離のために左目の視力を失い（後に視力がぼんやりとだが回復する）、2005年、62歳で乳がんにより右乳房の全摘手術を受けた。その後、がんは全身に転移した。がんの罹患によって、樹木の人生観は大きく変わる。

生活と性格を変えるという二本柱でやっているんです（笑）

ある朝起きたら、片目がパタッと見えなくなっていたんです。がんのときより、こっちのほうがガックリきましたね。要するに原因がわからないから。もしかしたら、もう一方の目も見えなくなる可能性があるわけです。まったく目の見えなくなった私の生活。それでもなお生きていかなければならない、と思ったときが、一番絶望的でした。

そうしてその後がんになりまして、手術をして、それからはさすがに生活を変えざるを得なくなって、今は生活と性格を変えるという二本柱でやっているんです（笑）。

それで何と、生活習慣を変えたら、結果的に目が見えるようになってきたんです。真っ白で何にも見えなかったのに、随所に見える箇所がつながって、今は一方の目でも、誰が何をやっているかちゃんと見えるんです。こういう治しかたもあるんだなと。だけど世間の人がみんなそうじゃないですから。私のは無謀な治しかた。みなさん、

薩摩琵琶を弾く若き日の二人。樹木の父は薩摩琵琶の奏者だった。

くれぐれも真似をしないでください。

（「宇津井健さん、樹木希林さんをお迎えして。」2007年1月）

病気がきっかけでぐわんと変わってくることもある

自分一人で好きな道を歩いて来たんですが、3年ほど前に乳がんになりまして、黙って治療したって構わないんだけど、一応ね、別居してる夫に話しておこうと思って。そしたら夫は「えっ！」と言って。私たち、がん、というと死ぬと思ってるから。そこから何か雰囲気が変わってきましたね。月に1度くらい一緒にご飯を食べに行ったりして。「離婚しなくてよかったなあ」と言ってもらえましたし。いろいろありましたが、そういうところに着地したというね。それは自分たちも幸せなんだけど、子孫にとっても楽な姿じゃなかろうかと最近思うんですよね。病気がきっかけでぐわんと変わってくることもあるんですよ。

（「家族というテーマは無限大です。」2008年7月）

早い時期に自分の生活習慣を見直すことが大事ですね

私の場合、がん自体は怖くも何ともありませんでした。手術も何ともない。麻酔が切れても全然痛くない。右の乳房を全摘して、ほんとに何にもないんですけど、手は不自由なく上がりますし、きものの帯も結べます。それ以降のケアが大変なんだということに気付いたのです。がんになるというそれまでの生活習慣があったわけです。私の生きかたがあったわけです。がんになってしまう心のありよう、生活習慣があった。それを変える、これが大変でした。今、そういう時期にいるんです。

(再発の)可能性は100%あると思っています。だってそういう生活をしていたからがんになった。だからがんをとったって、根本を解決しなければ再発する可能性はあるわけですよ。それを薬で抑えようとか、不安だから何か月に1回は病院へ行って検査をするとか。がんに限らず、大きな病気をした人たちはいろいろ抱えていて、そうやって年をとるのは大変なことだなと思いました。いい年のとりかたをしたいと思ったら、早い時期に自分の生活習慣を見直すことが大事ですね。ただ、私はがんになってみないと性格も変わらない、生活習慣も変わらない（笑）。たまたま今生きていますけど、やっぱり頭を叩かれないとわからなかったんです。

（「宇津井健さん、樹木希林さんをお迎えして。」2007年1月）

がんという病気というのは、これは貴重ですよ

以前は気に入らないと相手を全面否定してましたね。人間というのは、自分というのは、そんなに立派なものじゃない、と分かったら愕然《がくぜん》として。他人を全面否定なんてできるわけがないのに、なかなか分からずに、よくもまぁこうやって生きながらえてきたなぁと思って。

だから、死のない病気だったらまだやってたと思うんですけど。死というものがものすごく間近に、ちゃんとここにある。がんという病気というのは、これは貴重ですよ。治るようにもなってきてるから、そういうふうにあんまり言えないけど。今世紀に必要とされる病気なんじゃないですかね、人間にとって。そんなふうに受け止めて

いるんです。だからそれで、別に不幸だと思わない。ていうのが、だいたい、私の物の考え方なの。そうすると楽ですよ～。あんまりないの、辛《つら》いことが。

（「嘘のない人生を生きたいと思う、だからいま、こんな夫婦です。」２００９年１月）

もう人生、上等じゃないって、いつも思っている

人生がすべて必然のように、私のがんもまったく必然だと思っています。父方のお祖母さんが乳がんだったから、遺伝子の中にあるかもしれない。ただ、お祖母さんはがんを切って、そのあとも相当長生きしていましたからねえ。それもたいへんな治療をやってへたばっていたという記憶はないの。今ほど医療が発達していない時代よ。だから、私もがんが見つかったとき、そんなに医者に通いつめなくても生きていけるんじゃないかなって思ったんですね。

「やり残したこと、ありませんか？」ってのがこの映画（『あん』２０１５年公開）の宣伝コピーだけど、私はあるっちゃいくらでもあるけど（笑）、もう人生、上等じゃ

ないって、いつも思っている。今日になって明日っていうのは困るけど、1週間あれば、まあ整理できちゃう。がんってのは準備ができるからありがたい。それは悲壮でもなんでもないです。

（「1週間あれば、いつ死んでもいい」2015年6月）

病というものを駄目として、健康であることをいいとするだけなら、こんなつまらない人生はないだろう

私の場合、がんの治療前後で、生活の質に大きな変化はありません。映画（『神宮希林　わたしの神様』）の中でも、私は、「高齢者をいたわりなさい」などとブツブツ言いながらも、石段を登ってお参りしたり、式年遷宮で使うヒノキを育てる神宮林という山を歩いたりしています。無理をして元気そうに見せているわけではなく、これが自然体なんです。そこには、医学による治療だけではなく、多分に心の状態が影響

していると思います。体調の基本となる血液のめぐりや栄養の吸収などは、私自身がもともと持っている生活習慣や心のあり方と直結していると感じています。心の問題と、医療でつぎはぎしたりして悪いところを取ったりする技術とが融合していかないと、本当の元気は手に入らないのかも知れません。

西洋的な二元論の考え方に従えば、病気が〝悪〟で病気でない状態が〝善〟。でも、一つのものに表と裏があるように、物事には善の面もあれば、悪の面もあるとわたしは思うんです。そういう東洋的な考え方が自分の体の中に入ってきて、宇宙の大きなものに対して働きかけるような、「祈り」という行為に感応していく。それが総体的にひとりの人間となって生き生きしてくるんじゃないかという感覚なんです。どの場面にも善と悪があることを受け入れることから、本当の意味で人間がたくましくなっていく。病というものを駄目として、健康であることをいいとするだけなら、こんなつまらない人生はないだろうと。

（「全身がん　自分を使い切って死にたい」２０１４年５月）

「痛い」じゃなくて、「ああ気持ちいい」って言い換えちゃう（笑）

私は最近、放射線治療の後遺症じゃないかと思うんだけど、肩がゴキン、ウアッってなることがあるの。そういうとき「痛い」じゃなくて、「ああ気持ちいい」って言い換えちゃう（笑）。それが当たり前なんだと受け取って生活していく面白さっていうのがあるなって思うんだ。

私にはいい塩梅《あんばい》にがんっていうのがあるから、いろんな意味で有効に使ってるのよ。何かを断るときには「もうがんが大変なの」とさえ言えば、「あっ、そうですね」となるし。まあでも病気をしてから少し謙虚になりました、私。

（「体はちょっとアレだけど、怖いものがなくなって年をとるのも、悪くない」2016年6月）

「それは辛いわねえ、わかるわよ。私なんか全身がんだもの」

私はどのみち死ぬ運命なのだから、それだったらベッドの上で死ねるだけまだマシじゃないのってね。

内田がね、ここ最近、会うたびに「体調が悪い」ってうるさいの。でも私が「それは辛いわねえ、わかるわよ。私なんか全身がんだもの」って言うと、ピタッと黙るんです。そんな効果もあるのよ。


（「『私』と『家族』の物語」2015年6月）

〝死ぬ死ぬ詐欺〟って言われてますよ（笑）

〝死ぬ死ぬ詐欺〟って言われてますよ（笑）。まあ、死ぬとは言ってませんが、ただ全身がんというのは本当にそうです。お医者さんから「あなたは全身がんですよ」って言われていますからね。つまり、乳がんに始まって全身に転移が認められたわけですが、「では、いつ、どうなっても、それは当たり前なんですね？」とお医者さんに聞くと、「そうです」ってね。

手術のあとにのまなきゃいけないホルモン剤ものんでないの。あれをのむと、なんだか具合が悪くて。ほかの薬やサプリメントも、そういったものは一切のんでいないんですよ。自然にしているのがいいかなぁって。

（症状は感じる？）いやー感じようと思えば感じるけど、感じないようにしている。知らん顔しているの。

（「温故希林in台湾」2013年11月）

逃げたってがんは追いかけてくるんだから

逃げたってがんは追いかけてくるんだから、やっつけようとすれば、自分の体もへたばっちゃう。だから逃げることもせず、やっつけもできないからそのまんまいるっていう感じです。

（「体はちょっとアレだけど、怖いものがなくなって年をとるのも、悪くない」2016年6月）

【第4章】

仕事のこと

樹木が文学座附属演劇研究所に入所したのは1961年、18歳のときである。名義は「悠木千帆」、のちに「樹木希林」に改名。20歳のとき、テレビドラマ『七人の孫』で主人公役の森繁久彌によって才能を見出され、その後も数々のドラマで脚光を浴びた。本人はCMの中に大いに芝居的な楽しみを見出していた。ピップエレキバンやフジカラーのCMはいまだに記憶に残る。映画の端役ともなると、巻末の年譜に収容しきれないほど多数の出演をこなしている。

小津組の空気を吸ったわけです、私は

芝居には興味なかったけど、（文学座は）文化の最先端にいられたというか。その時代の一番キラキラ輝いてるものに接触できたんだなと。もちろん後から思えばですけどね。だって講師が錚々たる方で、矢代静一、鳴海四郎、松浦竹夫、外部からは三島由紀夫、芥川賞を取ったばかりの大江健三郎。劇団三十五周年のパーティでは三島さんがゴーゴー踊ったり、若い谷川俊太郎さんがいたり。

役者より、楽屋当番で頭角を現したんです。つまり先輩の付き人みたいな仕事をするんですね。杉村（春子）さんが「あんた、勘のいい子ねッ、来てちょうだい」って、だから小津安二郎監督の『秋刀魚の味』に杉村さんが出た時も、大船の撮影所に行ったんです。私なんかお昼のお弁当が楽しみで行ってるようなもんなのに、杉村さんは何度演《や》ってもNGで、なかなかお昼が食べられないんですよ。

杉村さんが東野英治郎さんのオールドミスの娘役で、ラーメン屋を営《や》ってるんですけど、店の暖簾をしまいながら、奥で父親とその友達が自分の噂してるのを聞いて泣

テレビドラマ『寺内貫太郎一家』の一コマ。家長を演じる小林亜星（左手前）と母親・きん役の樹木、右はお手伝い・ミヨコ役の浅田美代子。

くところが、何回やってもダメなんです。それもシーンとした中で、息してもいけないような雰囲気の中で。だから小津組の空気を吸ったわけです、私は。

（「これがはじまり」2008年12月）

後ろを通る役だけでも、私は全然堕ちたっていう感じがないの

（役というもののことを）ずっと脇役だとも思ってなかったんですね。主役と脇役の感覚は、ただ、こんなにせりふが多いのに、こんなギャラじゃなぁって程度でさ（笑）。でも、私はどんなことがあっても流れに逆らわないっていうのが、人から見て私がこわいなと思うのかなぁ、とも思うんです。どんな流れになっても、ああ、そうですかってていうふうに。

だからね、「そういえば昔、たくさん主役やってたんだけども、忘れてた」ぐらいなんですよね。せりふがなくて、それこそ後ろを通る役だけでも、私は全然堕《お》ちたっていう感じがないの。あれがひとつの、私の強さかなと思って。

朝のテレビ小説なんて、私らみたいな雑な、暇な、二流の役者がやるもんだ

（「アッコが人柄を敬愛している女優」1985年5月）

昔っから、朝のテレビ小説なんて、私らみたいな雑な、暇な、二流の役者がやるもんだ、と思ってましたから。本当にものを考えてちゃんとやろうなんていう役者は、こういうものにはだいたい出ないもんですよ。現場なんて、リハーサルというのは手合わせみたいなもんでね。位置を決めて、「はい、これで」って。芝居をつくるという場じゃないんですよ、分量が多いから。

（「筑紫哲也のテレビ現論　茶の間の神様」1987年7月）

いってみりゃ私らは和え物の材料ですから

自慢じゃないけど、家で台本広げないんですから。クタクタで、あの厚い電話帳みたいのを見ると、もう頭クラクラッとしてくるから、現場で覚えるんです。時々、ランスルーなんか抜かして、カメリハから、ちょっと本番いけそうだからいきましょうか、なんていう演出家がいるんですが、私一人で慌ててね。「ちょっと待ってください。三回やると思って覚えてますから」なんて。ま、非常に雑なつくり方というか、雑な役者というか……。

台本がビシッと出来ていたから運がよかったんで、たいがいはドジってますから。いってみりゃ私らは和《あ》え物の材料ですからね。ニシンを山椒で煮込んだり、ハモとキュウリを三杯酢にしたりってなもんです。腕のいいプロデューサーやディレクターが料理すればいいんだって。でも、年中裏切ってんですけどね。ニシンだと思わしといて何かサバみたいになってたり、うまそうなバナナだと思ってむいてみたら腐ってたりね。

（「筑紫哲也のテレビ現論　茶の間の神様」1987年7月）

欲は深いんだろうけど、深さの場所が違うのかなあ

私はね、こういう風な役者になりたいと思ったことないのね。ダメだって言われたらいつでも「さよなら～」って。引退してくださいって言われたら、「あ、分かりました」（笑）。それは格好いいように見えるけど、実は目指すものが何もないのよ。未だに女優の仕事が合ってないな、というのを抱えてるの。――欲が深くないのかなあ、いや、欲は深いんだろうけど、深さの場所が違うのかなあ。だって死ぬときはね、「お世話様でした、とても面白かったです、納得いきました、ウフフフ……」って言いたい欲はあるの。

（「家族というテーマは無限大です。」2008年7月）

ゆとりはどういうところから出ているか

（私の芝居の）ゆとりはどういうところから出ているかと言いますと、不動産をひとつもっているからではないでしょうか。いつ仕事がダメになっても、家賃収入があるからいいや、と思ってやっているからだと思います。私は、芸能界に入ったときから喧嘩っ早くて、これは夫の比ではないんです。だからいつか喰いっぱぐれるかもしれないと思って、ほかに生活の基盤だけは確保しておこうと。それが今日まで続いているというのが、偽らざる真実です。

（「宇津井健さん、樹木希林さんをお迎えして。」２００７年１月）

俯瞰で見ることを覚え、どんな仕事でもこれが出来れば、生き残れる

私はお仕事で関わっている人達を、自分も含めて俯瞰で見るようにしているんです。そうすると自分がその場でどんな芝居をするべきかがとてもよく分かる。初めてこの

世界に入った時に、俯瞰で見ることを覚え、どんな仕事でもこれが出来れば、生き残れるなと感じましたね。

（「この人の言葉は宝物だ！」２００２年８月）

「何やってんの、あんた」って、ズバッと言っちゃう

物事を俯瞰で見ていますとね、自分がどうすべきかが見えてくると同時に、他の役者さんがそのシーンでどう演じるべきかも見えて来るんです。まあ、私と絡まないところでは別に構わないのですが、関わっているところで、まったくお門違いな拘《こだわ》り方をしている役者さんがいると、どうしても「何やってんの、あんた」って、ズバッと言っちゃうんですよ。それがどうもあまりに的を射ているものだから、傷つくらしいんですよね。的はずれだと頓着《とんちゃく》しないんだろうけど、それでへこたれて役者辞めようなんて思っちゃう人もいるようで。今は会う人ごとに、昔のことを謝って歩いている人生ですよ（笑）。

（「この人の言葉は宝物だ！」２００２年８月）

〝キレイなんて、一過性のものだから〟

10代の頃なんかは、人と諍《いさか》うのが楽しみなくらいだったから。諍っていると、その人のいちばん嫌なところや、隠そうと思っている悪い部分がズンって引き出されてきて、それが面白かった。最初は役者の目で見ているんだけど、人が自分の手の平の上で転がされているような感じになってくると、なんだか愉快で（苦笑）。ね、絶対に友達にはなりたくないタイプでしょう?

でもそれがあったから、〝役者でやっていけるかな〟と思った。一般の社会だったら、とっくに抹殺されてるわね。女優だったからこうして何とか残れたわけで……。ただ、女優として芽が出ている人は、多かれ少なかれそういうところがあるはずですから、いくらキレイでも奥さんにしないほうがいい、と私は思います。〝キレイなんて、一過性のものだから〟って男優さんには言ってるの（笑）。

（「花と遺影」２０１６年６月）

みなさんがおやりにならないのなら、やらせていただきます

昔は役者にとって舞台が一番、映画やラジオに出るのは二流の役者、テレビは三流の役者の仕事、だからCMなんて論外。そういう風潮だったんですね。でも私は〝あまのじゃく〟なところがあって、みなさんがおやりにならないのなら、やらせていただきます、といった感じでお引き受けしたのが、CMに出演したそもそものきっかけだったんです。だから最初は、いろいろなことを言われました。けれども、やってみたらこれが私の性に合っていたんですよ。

（『CM女王』に輝いた樹木希林」2003年3月）

世の中の空気が動いていくような気配

だいたい私は同じことを長いことしていると飽きちゃうんですよ。舞台はずっと稽

古をして、公演が始まると、それを繰り返すでしょ。それが我慢できなくなっちゃうんですよ。観客と役者の一体感が舞台の醍醐味、みたいなことをよく言いますけれど、私はそういったことにあまり喜びがなかったんですね。当たり前ですけど、舞台はお客様がいるじゃないですか。お客様の顔が見えているところで芝居する、ってことが、すごく照れちゃってだめなんですよ。自分が客で舞台を見るときでも照れちゃって。なるべく客席の後ろの方に座って、そーっと見るようにしているくらいなんですよ(笑)。

ＣＭはわずか15秒とか、30秒とかの短い時間ですけど、どうかするとそのＣＭによって商品が、わっと売れちゃったり、会社が一躍有名になっちゃったりするわけですよ。ＣＭによって何かが動く。世の中の空気が動いていくような気配。そんなところが、たまらなく好きなんです。

(『ＣＭ女王』に輝いた樹木希林」２００３年３月)

ＣＭの契約期間中は、その会社の人間だと思っています

私はですね、CMの契約期間中は、その会社の人間だと思っています。会社の不祥事は、自分の不祥事だと思ってるんです。

恥をかく覚悟はしています。撮影中でもこれは、と思えばちょっと言います。嘘やごまかしを言おうとすると、セリフをとちるんです。

ただ、最近では体力がなくなってきたのか、まったく言わなくなってきているんです。身を預ける、と言うんでしょうか。「これは、どうなの?」と言うよりも「とにかく、やってみましょうか」。がんばらないというか。そうしたら、好感度1位でしょ?(笑) 他人におまかせがいちばんなのね。

(『CM女王』に輝いた樹木希林」2003年3月)

「その分は私が費用を払いますから、刷り直して下さい」

郷ひろみが松田聖子と別れた後、もう全然マスコミに出ようとしなくなっちゃったんですね。マネージャーが何かきっかけを作りたいというんで相談に乗ったんだけど、ひろみ君が、私が相手なら喋ってもいいということになって。「サンデー毎日」がこの件に関してはわりに中立的な立場をとっていたので、そこに声をかけて、実現したんです。

ところがひろみ君がね、二人でレコードまで出すような仲だったのに、対談の場では全然態度が違うの。もう人を信じられなくなったという感じで、よそよそしい。白いスーツか何か着て、それこそどこか南の国の殿下みたいなんですよ（笑）。困っちゃってね。こっちの持込みだから責任があるでしょう。その日のうちに文字に起こしてもらって、それを夜中から私がまとめ始めたんですよ。この部分を使って、この質問にはこう答えて、それからこれはこっちにもっていってというふうにキリハリして、ぽつぽつ喋ったことを一応の形にして編集部に出したんです。もちろん聖子ちゃんも悪者にしないで。

そしたらね、一番最初に誰が反応したかというと、印刷所の人だった。郷ひろみってこんなに頭がよくて、カッコいい男だったのかって。これはうまくいくと思った。

ところがねえ、編集部がつけたタイトルが「郷ひろみ、松田聖子とのことを赤裸々に語る」だっていうから、それじゃインパクトが弱い。「ちょっと待ってください。タイトルは別にしてください」って申し出たら、もう表紙に刷っちゃったから変えられないっていうのよ。で、「その分は私が費用を払いますから、刷り直して下さい」って頼み込んで、表紙を急遽替えてもらったんです。

文字通り白紙に戻して、白地にどーんと大きな赤い「!」マークがあって、その脇に〝独占インタビュー郷ひろみ〟「コケにされた男の正しいコケ方」。そうしたらね、普通二十五万部くらい刷っていたのかなあ、あの頃。それを四十万部刷って、あっという間になくなっちゃったというのね。

ただ、意気に感じるというか、この人、明るくアイドルしてるけど、心の底の悲しみみたいなものも含めてなんとかしてあげたいと思ったんですね。聖子ちゃんの将来も考えたんだから……だけど、今の二人を見てると、まったく必要なかったんですねえ(笑)、私の方がなんとかしていただきたい。

(「芝居は『笑い』がいちばん」2001年1月)

テレビは演じたものが瞬時に消えていくから好きだったんです

昔は吉永小百合さんが「私は映画」と言うのに対して、「私はテレビ」と公言するほどのテレビ派でした。テレビは演じたものが瞬時に消えていくから好きだったんです。ところが、最近はＤＶＤで昔のテレビドラマがどんどん復刻されているから、消えるからやったはずの芝居が残るようになってしまった。それならもうテレビはやれません。それで、きちんとした収録期間をかけて、丁寧に撮影してくれる映画なら、残ったとしてもみっともなくないかと思うようになったんです。結局は自分をさらすんだから、みっともないんですけどね。

（「オカンと裕也と娘・也哉子と」２００７年5月）

芝居の面白さって何かをやった時じゃないの

芝居の面白さって何かをやった時じゃないの。それをやった時に反応する人の顔が面白いのよ。例えば、本人は必死にカツラであることを隠しているけれど、周りの皆は薄々知っているって状況で、アクシデントでカツラが落ちたとするじゃない。これが喜劇ならカツラが落ちて終わりだけど、私が好きなのは、その後の数秒間。何も見なかったようにしれっとしてる人もいれば、どんな顔をしていいかわからずに困っちゃう人もいて…。

（「人の目に立つ場に出れば、裏側も見られて当然。芸能界は、そんな生易しいもんじゃないのよ。」2015年6月）

役者って、人間の裏っ側や中っ側を覗くようなことがないと長く続かない

瞬間の人間の表情って、なかなか作り出そうとしてもできないわけ。『寺内貫太郎一家』（1974〜1975年放映）や『ムー一族』（1978〜1979年放映）でも、

私はああいうおかしさを拾っていったのよ。緊迫した状況の中で虫が飛んできて腕に止まったりするじゃない。皆、それを払いたいんだけどできずにいる。そういうなかに、その人の性格が出てくるから面白いし、それを作るのが芝居かなって。

（それに気づいたきっかけは？）それは森繁（久彌）さんと出会ったからね。あの人は、天性のそういう面白さを持っていたから。あの面白さは多分、ある意味で、意地が悪くないと出ないいんじゃないかしら。役者って、人間の裏っ側や中っ側を覗《のぞ》くようなことがないと長く続かない仕事だと思うわ。

（「人の目に立つ場に出れば、裏側も見られて当然。芸能界は、そんな生易しいもんじゃないのよ。」2015年6月）

〝誰もがやること〟これが難しい

芝居をする上で、何がいちばん難しいかっていうと、お茶を飲むとか水を汲《く》むとか、そういう日常生活の一コマを演じることなんです。誰もがする日常の仕草の中で、〝この人は短気なんだ〟とか、〝ちょっと意地が悪いんだなぁ〟とかいう、役の性格を出さなくちゃいけないから。殺されるとか殺すとかの劇的な場面というのは、滅多にないことだから、想像でやってもリアリティがあるんだけど、〝誰もがやること〟これが難しいと、私は思うの。

（「花と遺影」２０１６年６月）

役者は当たり前の生活をし、当たり前の人たちと付き合い、普通にいることが基本

小さなことの積み重ねが、映画のなかの「日常」にリアリティーを加えていく。でも、それは普段からいろいろ見ていないとできない。現場でいきなり思いつくものでないのよ。役者は当たり前の生活をし、当たり前の人たちと付き合い、普通にいることが基本。私は普通に電車に乗るし、Ｓｕｉｃａも持ってますよ。

映画『あん』のときも、監督の河瀨（直美）さんがハンセン病の療養所に行くのに

「西武新宿線の駅で待ってます」って言うから、「はい、わかりました」って。電車に乗って行って、帰りは（原作者の）ドリアン助川さんと3人で帰って。ドリアンさんが「希林さん、電車に乗って目立ちませんか？」って言うから、「そんなことないわよ」って答えたら、河瀬さんが「希林さんは、人のなかに入るときに自分の姿を消しはる」って言ったの。そうなの。そうでなければ人間観察ができないでしょう。

（「女優魂の渾身と自由　ヌードよりも恥ずかしい」２０１８年6月）

もうちょっと苦労したほうがいいんじゃない

私は事務所にも属していないし、大家をやってるから収入も安定しているでしょう？　でもあちら（本木雅弘）は事務所をやってるから、自分の家族以外に、社員も養っていかなきゃいけない。コマーシャル仕事なんかより、もうちょっと苦労したほうがいいんじゃないかって思っちゃうのね。だから仕事ぶりを確認しちゃう。私が「どこにいるの？」なんて連絡を取ると、「（実家の）桶川です」なんて言って、畑を耕していたりするから。そういう人なんですよ（笑）。

代々、土と関わる遺伝子を持ってて、たまたまあの子だけが、芸能界に入っちゃった。子供の頃、桶川から自転車を漕いでやってきて、大宮の街を見たとき、「ここが原宿か？」って思ったっていうんだから、ピュアなのよ（笑）。一つ一つの仕事に、のめり込んで取り組む人だから、芝居をするのはキツイだろうと思うんですけどね。でも、そこは生活がかかってるから。

（「花と遺影」２０１６年６月）

【第5章】

女のこと、男のこと

樹木は私生活では俳優の岸田森と21歳で結婚したが、25歳のとき離婚。生涯の伴侶となる内田裕也と再婚したのは1973年、30歳のときである。離婚無効訴訟などを乗り越えつつ、型破りな夫婦関係はその後ずっとつづくことになる。樹木が独自の視点から、男女について語る。

女が徳のある、いいシワのある顔相になるためには、本当にとことん自分のエネルギーを使い果たさないと

いい顔したおじいさんってのは多いけど、いい顔をしたおばあさんってのが少ないんですね。そこが、やっぱり、女の許容量の狭さなんだろうと思うんですね。女が徳のある、いいシワのある顔相になるためには、本当にとことん自分のエネルギーを使い果たさないと。そこまで行きつかないとアカが取れないという、女の体質なんじゃないかと思うんですよ。

（「そして、現代に貞女はいなくなった…」１９８８年３月）

生きるのに精いっぱいという人が、だいたい見事な人生を送りますね

基本的に女というのは、余計なことを考える時間があると、余計なことをしてしま

結婚当初と思われる頃の仲良さげな2ショット。

うと思うの。生きるのに精いっぱいという人が、だいたい見事な人生を送りますね。

（「TORICO　CINEMA」2007年5月）

女の持っているもののなかでまず裏側の怖さのほうが先にわかっちゃう

性格のいい男はいると思うんですけれど、性格のいい女はいないですね。年齢に関係なく、女の持っているもののなかでまず裏側の怖さのほうが先にわかっちゃう。女の持っているたちというのは、すさまじいものだなと思います。男のたちは浄化するとっかかりがあるという気がするんですよね。女というのは根本的に蠢《うごめ》いている感じがするんですよね。

（「ひとつのことをゆっくりしゃべろう　女の色気2」1987年1月）

「私が」と牙をむいているときの女というのは醜いなあ

苦労して美しくなるというのは至難のわざですね。根本的に自分が存在していることが申しわけないとか、恥ずかしいと思えたときに、女って色っぽいんだなと思うんです。

なんでも「私が」「私が」という。世の中が「私が」を主張するようになってきたということは、そういうことをしないと自分がいることが確かめられないという心となさなのかなと思うんです。そう考えれば女って哀れだなと思うところでいとおしくはなりますけれども、「私が」と牙をむいているときの女というのは醜いなあというふうに思うわけですね。

（「ひとつのことをゆっくりしゃべろう　女の色気2」１９８７年1月）

つつましくて色っぽいというのが女の最高の色気

存在している姿が〝けっこうでございます〟という遠慮ではなくて、ほっといる立ち姿でも恥ずかしくなるという、その感じがわかったときに女というのは非常に色っぽいんじゃないかと思いますね。まず、それが男と対したときに色っぽいですよね。色っぽいというのは、バラの花をくわえて髪の毛をかき分けるしぐさだとか、極端に言えばしどけないのが色っぽいというのではなくて、つつましくて色っぽいというのが女の最高の色気だと思います。

（「ひとつのことをゆっくりしゃべろう　女の色気2」1987年1月）

いくら化粧しても、ひっぱっても縫い縮めてもバレますからねえ

今日は久しぶりに（吉永）小百合さんと逢って、本当によい年の重ね方をしているなあと思いました。やはり女性でも、顔はその人の人生を表すものですし、いくら化粧しても、ひっぱっても縫い縮めてもバレますからねえ。別居している夫の口ぐせが「女優の末路はあわれだぞ」でしてね。そういう意味ではやはり、あなたは珍しい女優だと私は思います。

（「きもの好き、映画好き」2008年1月）

女は強くていいんです

女は強くていいんです。強くないと一家を支えられないんですよ。その強さで「男女平等」というところに旗を掲げなくても、もっと女の適正の場所を探して、そこで強くなるとすごく世の中は美しくなるなと思うんですけどね。

（「母樹木希林が親友に打ち明けた〝七夕挙式〟までの全秘話」1995年7月）

そんな生ぬるい関係を繰り返しても人は成熟しない

結婚すれば苦労もする。嫌な思いもする。夫婦や親子という人間関係に深く踏み込んでいかなければならなくなる。それは、人間が成熟するのには必要なことなんじゃないかって、ある時期までは思っていました。でも今はね、無理にしなくてもいいんじゃないかなあ、って。

同棲するなら、籍を入れたほうがいいわよ、それは。だって同棲っていうのは、別れちゃったら嫌なものが何も残らないから。その気楽さは、人生においては無駄ね。そんな生ぬるい関係を繰り返しても人は成熟しない。結婚生活を続けることも別れを決断することも、かならず嫌なことは付きまとう。でもそういう経験が、生きていく上では大切だって思ってた。

ただ、結婚しなくても成熟する方法を見つけていければいいんじゃないかって気が、最近はするのね。病気をするとわかるんですよ、人生って、そんなに長くないんだなぁ、って。だから無理をして、嫌な思いをしてまで結婚という形にこだわらなくてもいいのかもしれない。もちろん、恋人はいたほうがいいと思いますけど。

（「花と遺影」2016年6月）

私もできればそういう背中が欲しいと、時々思いましたよ

私、世の中のご夫婦を見て、ちっとも羨ましいと思ったことはないんですが、この話だけは別なんです。原泉さんて女優さん、ご主人は作家の中野重治さんで、私一度、夜お邪魔したことがあるんです。

ちょうど夏で、部屋に蚊取り線香がたいてあって、中野さんはランプの灯った机に向かって何か書いていらっしゃる。その白いきものの後ろ姿に向かって原さんが、「あなた、ただいま」って声をおかけになった。

それから、その日は私がいたからかもしれませんけど、いつもはその背中を貸してもらうんですって。後ろから寄り添って、その日あったいろんなことを、あったかい背中に聞いてもらうんですって。いい話だと思って、私もできればそういう背中が欲しいと、時々思いましたよ。私も年をとって、そういう色っぽいエピソードのひとつやふたつ欲しいと思いますけどね（笑）。

だからみなさん、〝ボケ〟ないうちに、異性と楽しい時間をもつことをお勧めします。

（「宇津井健さん、樹木希林さんをお迎えして。」2007年1月）

精神も繫がった上での性というものを考え、向き合うと、すごくいい老後の夫婦になるんじゃないか

日本人はずっとよけてきたけれど、本当の意味での「性」を見据《みす》えた文化が出てきてもいいんじゃないかと思います。子どもにとっての性とか、老人の性というものに面白半分じゃなく、もっときちっと向き合うといい。風呂敷でかぶせちゃわないでかといってあからさまに、老人施設で刃傷沙汰《にんじょうざた》が、っていうんじゃなくて。精神も繫がった上での性というものを考え、向き合うと、すごくいい老後の夫婦になるんじゃないかと。

私も性を見据えたい。それは手を握るということでもいい。老老介護でせいぜい階段の手すりをつかみながら、手をつなぎながら歩くくらいのものでも、その中にある性的なものが、ひいては手をやっぱり必要とする。

（「嘘のない人生を生きたいと思う、だからいま、こんな夫婦です。」２００９年１月）

相手のマイナス部分がかならず自分の中にもあるんですよ

どの夫婦も、夫婦となる縁があったということは、相手のマイナス部分がかならず自分の中にもあるんですよ。それがわかってくると、結婚というものに納得がいくのではないでしょうか。ときどき、夫や妻のことを悪く言っている人をみると、「この人、自分のこと言ってる」と、心の中で思っています（笑）。

（「表紙の人　樹木希林」２０１５年７月）

男でも女でも、ちょっとだけ古風なほうが、人としての色気を感じる

私は若いときからおばあさんの役をやっていたうえに、年をとってどんどん中性化しちゃったけれども、それでも、ぞくっとするほど色気のある男の人が、見たいなあと思うわね。だからといって、男の人の側にいたい、とはまったく思わないのよ。

こないだテレビに、かつてスターだったけれど今ではおじさんになった人たちが出ていたんだけど、若い頃の映像を見たら、妙にぞくっとしました。初々しい若者が2人で「あっずさ2号で〜」と歌ってたんですけれどね。きっと今のほうが歌はうまいのかもしれないけれど、余計なものもいっぱいくっついちゃった感じがして、もう何も感じないのよ。

今はデビューするときすでに周りがいろんなものを貼りつけて整えるから、最初から方向づけができ上がっているでしょう。男でも女でも、ちょっとだけ古風なほうが、人としての色気を感じるような気がしますね。

（「50歳からの10年が人生を分けていく」２０１６年6月）

【第6章】 出演作品のこと

樹木の主戦場はある時期まではテレビドラマだった。とりわけ『時間ですよ』『寺内貫太郎一家』『ムー』などの演技では一世を風靡した。映画で目覚しい活躍を見せるのは60歳を過ぎてから。『半落ち』『東京タワー』『歩いても　歩いても』『悪人』『万引き家族』、最新作の『日日是好日』等々。まさにそれらは、天衣無縫とも言うべき名演技の宝庫である。

【七人の孫】テレビドラマ（TBS）。演出・山本和夫ほか。1964〜1966年放映。出演・森繁久彌、大坂志郎、加藤治子、悠木千帆（樹木希林）ほか。

森繁さんは撮影しながらその場で瞬時に〝人間〟をつくっていく

森繁久彌さんはドラマの撮影のときによく言っていたんですよ。「カメラに寄るな！」って。カメラにも「もっと引いてくれ。アップはもういいから全身を映してくれ」って。私がいちばん最初にご一緒させていただいたホームドラマ（『七人の孫』）のときからね。「芝居って面白いと思ったのはテレビの仕事を通してだ」というのは、実はこの森繁さんがきっかけだったんですよ。

当時、森繁さんは50歳だったかな。いちばん脂が乗っている頃で、ものごとの見方やおもしろがり方、それを吸収していく力なんかが、それはそれは尋常じゃなかったんですよ。もちろんね、晩年は確かによくなかった。それは周りもいけないの。ワガママ放題の芝居をさせちゃっていたわけだから。

NHK連続テレビ小説『はね駒』（1986年）の撮影現場で。普段からよく着物を着ていた。

でも往年の、本当にわかって演っているときっていうのは見事だったんですよ。そんな森繁さんを間近に見たことで、芝居がおもしろいことにやっと気づいたという。なにがおもしろかったのかといえば、舞台は稽古に稽古を重ねてキチッと台詞を覚えて、そういう中から全体をつくっていくわけですけど、森繁さんは撮影しながらその場で瞬時に〝人間〟をつくっていくんです。このことも私の性に合ったのか、そこからですよね、私の役者人生がちゃんと始まったのは。

（「日く『いきあたりばったり』」2015年7月）

【寺内貫太郎一家】テレビドラマ（TBS）。演出・久世光彦ほか。1974〜1975年放映。出演・小林亜星、加藤治子、悠木千帆（樹木希林）、梶芽衣子、西城秀樹、浅田美代子ほか。

怒って転んだり、えらい目にあいました

（当時、樹木は30代でお婆さん役を演じた）

息子役の小林亜星さんは10歳以上も年上でした。その妻の加藤治子さんは、20歳以上も年上（笑）。私はラクしたかったんです。お婆さんだったら、縁側に座布団敷いて、座敷猫みたいにごろんと横になっていられると思って、脚本家の向田邦子さんに、家に住み着いた猫みたいな役をお願いします、そうしたら出ますと言ったんです。

でも手が綺麗だったんですね、当時は。それを隠すために、いつも軍手をしてることにしたんです、先っぽをちょっと切って。そういうふうに、すべておざなりでした（笑）。だんだん寝てるだけじゃなくて宙吊りになったり、怒って転んだり、えらい目にあいました。

（「宇津井健さん、樹木希林さんをお迎えして。」2007年1月）

「年を取っても変わらないものは絶対変わらない」

自分が楽しくてやっただけ。白髪にして扮装だけは確かにヨレッとしたばあさんなんだけどね。人間だったら誰でももっている食欲とか性欲とか、そういうものが全部内在したばあさん。普通は若い人がばあさんを演じると、「年を取ったんだからもう少し考え方がこうなるだろう」とか、「もう少し人間的に立派になるだろう」とか想像して役作りをすると思う。

だけど、私の場合は、「年を取っても変わらないものは絶対変わらない」なの。人間に対しては絶対的に信用してないんですよ。そんな年取ったからって、成熟してい く人ばっかりじゃないと思うわけですよ。その成熟しない部分があったほうが、かえって可愛らしいと……。

（「1週間あれば、いつ死んでもいい」2015年6月）

【夢千代日記】テレビドラマ（全三部作・NHK）。演出・深町幸男、松本美彦。1981〜1984年放映。出演・吉永小百合、楠トシエ、樹木希林、大信田礼子、秋吉久美子ほか。

小百合さんは見かけよりもずっと頑固ですから

（吉永）小百合さんは見かけよりもずっと頑固ですから。最初はわかりませんでしたけど、しばらくして映画の仕事を一緒にして、その頑固さに気づいたとき〝あ、これはいいな〟と思いましたよ。頑固というよりも、自分の意志をきちんと貫く芯の強さを持っている。そういうものを積み重ねてきた結果、なるべくして、今日に至っているのではないでしょうか。

私はね、テレビというのは放映されたらすぐに消えていくものだと思っていますから、さしたる思い入れなどないんです。でも、このときの小百合さんを見ていて、演じることのよさや、主役として、一つのドラマの芯になって支えていく人の大変さというのが、少しわかった気がしますね。やはりあの夢千代という役は、誰にでもできる役ではないんです。『夢千代日記』が成功したのは、芯の部分で決して揺らぐことのなかった、吉永小百合という役者がいたからなんですよ。

（「きもの好き、映画好き」２００８年１月）

美人がやったんじゃ悲しくないんですねえ（笑）

（希林が演じる菊奴という芸者は、逃亡中の男にお金を騙し取られた末に捨てられてしまう。一人でたくあんをボリボリ音をたててお茶漬けを食べるシーンがある）

ところが、私は実人生では一度も男の人に捨てられた実感がないんですよ（笑）。だから自分では、〝こんなものかなあ〟という感じでやっただけなんですけど……。まあ、こういうぶさいくな女が、一生懸命男に貢いで捨てられて、それでも生きていかなきゃいけないと、泣きながらも明日のことを考えてお茶漬けをすすっている姿がもの悲しく映って、共感を誘ったんでしょうね。だから、美人がやったんじゃ悲しくないんですねえ（笑）。

（「きもの好き、映画好き」２００８年１月）

【はね駒】連続テレビ小説（ＮＨＫ）。演出・岡本喜侑ほか。１９８６年放映。出演・斉藤由貴、渡辺謙、樹木希林、小林稔侍ほか。

女がこうあったらいいなという、理想に近いものが、現実でも画面でもなくなってる

NHKの『はね駒』で、わりと貞女に近いお母さんというのをやった時にね、70〜80歳代の男の人たちが「わが母に似てる」って言ってくれたり、中年男性が気持ちを込めて見てくれたりしてたのね。

だけど、仕事バリバリやっていて、家のこと、さっぱりやらない、あの役とは正反対の女の人たちも「いいわね」って言うんですよね。「ああいう人間って知的ね」って言うんですね。これにはちょっと驚きましたね。

自分がそうじゃないから、逆のよさがわかるっていうのがあるのかなあと思ってね。

今、自分も含めて、女がこうあったらいいなという、理想に近いものが、現実でも

画面でもなくなってるから、プロデューサーの意図と非常に合いましたね。かつて生きていたけど、これからは生きる可能性の少ない女だけれども、そういう人のよさというのを〝今〟やってみましょうかと。自分たちにそういうものがなくなっちゃったから、フっと振り返って、ああ美しいなと思うんですね、きっと。

（「そして、現代に貞女はいなくなった…」1988年3月）

【夢の女】映画。監督・坂東玉三郎。1993年公開。出演・吉永小百合、樹木希林、長門裕之、永島敏行ほか。

凜とした生きざまが見える女優さんはなかなかいない

坂東玉三郎さんが監督した『夢の女』という作品が、私は好きですね。

これから苦界《くがい》に身を落としていく新入りの遊女に話しながら、自分は去っていく。

あの最後のシーンは、玉三郎さんもじっくり撮っていたし、それに応えられる小百合さんは、やはり伊達に主演女優をやっているわけではないなあと思いました。
ある時期まではきらきら輝いているのに、気づいたら面変《おも》わりして、佇まいもすっかり変わってしまう。そうやって自分の人生を粗末にしている女優さんは少なくないんです。でも、小百合さんは自分の人生、生活、役を大事にしながら、失敗も成功も含めて自身の糧としつつ、そこにしっかりと生きている。
玉三郎さんがこういったんですよ。「だって、希林、見てごらんよ。結局、小百合さんに目がいっちゃうんだよ」って(笑)。やはり、ただすっと立っているだけで、凛とした生きざまが見える女優さんはなかなかいないし、別にお世辞でもなんでもなく、そう代わりがいるものではないんですよ。

（「きもの好き、映画好き」2008年1月）

【東京タワー　オカンとボクと、時々、オトン】映画。監督・松岡錠司。2007年公開。出演・オダギリジョー、樹木希林、内田也哉子、小林薫、松たか子ほか。

まさに、「私と也哉子と、時々、裕也」だった

この春公開される、映画『東京タワー　オカンとボクと、時々、オトン』でひとり娘の内田也哉子と共演しました。ただし「共演」と言っても、同じシーンで一緒に演じているわけではありません。主人公のボクの母親であるオカンの人生を二人で演じ分けたのです。前半生を也哉子が、後半生を私が演じました。

「個人的にも、オカンと、時々オトンがいた一人っ子なので、とても共感できました」

完成披露試写会のときに、也哉子はこう言って会場の笑いを誘いました。

たしかに、オトンと別居しながら、ボクをひとりで育てた『東京タワー』のオカンの人生と、夫・内田裕也と別居しながら、也哉子を育てた私の人生は、形だけをみれば似ているのかもしれません。

でも、実際の私は、オカンには全くといっていいほど似ていません。私という人間には、オカンのような謙虚さや愛情深さがいっさい無いのです。私はこれまで、夫に

対しても娘に対しても、愛情あふれた態度を取れないまま生きてきました。

私たち三人はひとつ屋根の下で暮らしたことはほとんどありません。それでもなぜか三十年以上もの間、家族をやってきました。まさに、「私と也哉子と、時々、裕也」だったのです。

（「オカンと裕也と娘・也哉子と」2007年5月）

やっぱり世の家族が崩壊しないのは、女の粘り強さですよ

オカンはとっても優しい人だけど、それだけではないですよね。あのブッ飛んだオトンを、オカンは選んだわけでしょ。やっぱり同じ資質があるから出会うんですよね。その良さもダメさも、オカンは持っていたんだろうと思うんですよ。ならばもっとキラキラと生きられたはずなのに、それを閉じこめながら生きていかなきゃならなかったことを考えると、寂しいときもあったんじゃないかな。

たとえば息子に〝東京に来ないか〟と切り出されて、〝行ってもいいんかね〟って

言う。あれがオカンなんでしょうね。私なら、〝行くよ、決まってるじゃない〟か〝行きませんよ〟ってハッキリするんだけど、〝本当に行ってもいいんかね〟って……そういうカンジで万事生きてきたんだろうね。資質からしたらもっと弾けてもいい人生だったのに、そうではなかった。そっち側に行っちゃったオカンの生きづらさは、時々悲しくもあり、またそれで良かったんだよなあ、とも感じた。

やっぱり世の家族が崩壊しないのは、女の粘り強さですよ。女が台となって〝始〟って漢字になる。全ての始まりの土台を作るのが女だからね。そこがグラグラしてるんですよ、今の世の中は。そこのところがドシっとしていれば、たいていのことは大丈夫。女っていうのは、きっとその人生が終わったときに、いい意味で泣いてもらえる、いつまでも〝いてくれて良かった〟と思われる存在になるんじゃないかな。

（「樹木希林の言葉」２００７年４月）

いろんな修羅場があっても人の責任にしないのは、女としての潔さ

原作に〝母親とは無欲なものである〟という言葉が出てくるけど、本当は無欲じゃないの。オカンだって、ちゃんと自分の中で人生を選んできた。でね、結果的に、あの人の中からは愚痴が聞こえてこない。そこがやっぱりいいんじゃないですかね。いろんな修羅場があっても人の責任にしないのは、女としての潔さっていうのかな、母親とはそういうものじゃないかと思うんですよね。

(「樹木希林の言葉」2007年4月)

死ぬために生きているのではなく、生き切って死というものがあって

この歳になると、たくさんの死と出会っていますからね。今まで一緒にご飯を食べてた人が、わりかしあっけなくふーっと亡くなっていく。親しい人、よく知ってた人ほどあとから悲しみが増すでしょ。オカンもそんな人。だから生きていたときが懐かしくなるように、彼女の日常の積み重ねが大きかったんです。死ぬために生きているのではなく、生き切って死というものがあって、いなくなった瞬間に、生の感情がド

ドーっと出てくるみたいな。

だから、もうちょっとオカンのオカシイ部分、コロコロ生きてるところをやりたかったなという気はする。それは出番を増やすってことじゃなくてね。中途半端に生きてるとやっぱり、〝ああ、お話だから死んだのね〟ってなっちゃうじゃない？

（「樹木希林の言葉」２００７年４月）

ああこれはオカンの顔施だなと思った

映画の撮影が始まる前、宣伝用のスチール写真を撮るために、宮城県の細倉鉱山の炭鉱跡地に行きました。後に映画の撮影にも使われたところです。

最初は、写真を数枚撮るために、わざわざ宮城まで行かなくともと思っていたんですが、あの炭鉱独特の日差しの中で、衣裳を着せられて、さびれた感じの縁側に腰掛けたり、石がゴロゴロしているようなところを歩いたりしていると、自分がオカンの眼差しになってくるのを感じるんです。

出来上がった写真（※表紙参照）を見たとき、私は自分だとは思えなかった。穏やかないい顔で笑っていました。私は普段、自分がそんなにいい顔をしていないのを知っていますから、ああこれはオカンの顔施《がんせ》だなと思ったんです。

仏教用語で「顔施」という言葉があると思うんですが、この顔を見たときに、フッと人が何かを感じるのであれば、人に何かを施したことになるだろうと。皆さんに対して、世の中に対してのオカンの顔施ができたなあ、と。私も、これからオカンを演じるにあたって、「承知いたしました」と覚悟ができました。

劇中のボクのモノローグで「オカンの人生は楽しかったんやろか」という言葉があります。本人に聞いたら「楽しかったよ。嬉しかったよ。十分だよ」と言うかもしれないけれど、息子から見て、そういう思いがふっとよぎる哀しさというのはある。でも、たとえどういう死に方をしても、人は誰でも「やがて哀しき」にいくのではないでしょうか。

（「オカンと裕也と娘・也哉子と」２００７年５月）

【歩いても　歩いても】映画。監督・是枝裕和。2008年公開。出演・阿部寛、夏川結衣、YOU、樹木希林、原田芳雄ほか。

私は台本を見ないで出演を決めちゃう人間なのね

私は台本を見ないで出演を決めちゃう人間なのね。台本を読んで、「これは」というのに出くわしたことがないから。大雑把《おおざっぱ》に来た順番。マネジャーもいなくて留守電だけなの。だからこの時期は無理かなというときは、聞いただけで知らん顔して（笑）。今回も先に分かりましたと決めたんですが、やっぱりカンみたいなものがあって、優れた映画になるんじゃないかという気がしました。後で台本ができてきたんですが、そのとき思ったの、何で次男の良多が阿部（寛）さんなのかって。ほんとに私の産んだ子ですかって（笑）。

私なんかごく普通に歩いている一般的な顔だから、ああいう役をするのは自然なんだけど、あなた（阿部寛さん）のように、そこにすっといたらみんながみんな「あら素敵ね」と思う人が演じて、リアリティが出るんだろうかと考えたわけですよ。そしたら私の大好きな台詞《せりふ》が出てくるのね。あなたが鴨居《かもい》に頭をぶつけると、姉のちなみが「ほんとに無意味に大きいんだから」って言うわけ（笑）。ああいうことを言わせる是枝監督のセンスみたいなものはとても面白いなと思いました。

（「家族というテーマは無限大です。」2008年7月）

【神宮希林 わたしの神様】ドキュメンタリー映画。監督・伏原健之。2014年公開。旅人・樹木希林。

一見、不公平のようでも誰もが何かを背負っている

私、伊勢神宮って国費で賄《まかな》っているものだと思っていたんですよ。違うのね、びっくりした。それに神宮神田から神宮林まで、関わっている人の数といったら！　去年（2013年）の7月から10月の式年遷宮が終わるまで何度か訪ねるうちに、こんな

に人の思いが集まる場所なのかと気づかされました。映画にも登場する二軒茶屋餅店のご主人によると、神宮へ向かう道すがら参拝客のにぎやかな話し声が聞こえる。ところが宇治橋にさしかかると木を踏む、砂利を踏む足音しか聞こえなくなるって。参道の佇まいに心を鎮める何かがありますね。

（東日本大震災の）津波で何もかもが流されて瓦礫《がれき》ばかりが残る（石巻市）雄勝町に、神宮林の檜《ひのき》を使った新山《にいやま》神社が再建されています。お宮も祈る人々の姿も、美しいと感じられるところまでまだ辿りついていないですよ。あれだけの経験を乗りこえ、小さなお社をよすがに生きていく。人間のいじらしさに胸が詰まりました。

他人の芝生は青いもの。一見、不公平のようでも誰もが何かを背負っている。そのなかで小さな喜びや希望を見つける。なぜこんなひどい目に？　と思ってもそれをちょっと脇において祈る。そうして長い人生のなかで苦しみをどう消化し、どうお終いを迎えるか。私は、畳の上で死ねたら上出来。そう茫漠と考えていたけれど、今回の旅をとおして、やっぱりそうだなと確信を得た思いです。

（「樹木希林としての生き方」2014年5月）

淡々と流れる時間の根底にある人間賛歌

実は、こういった形の「密着取材」のオファーは、ほとんどお断りしているんです。忙しい東京のキー局からのお仕事では、短い時間にぱぱっと撮って終わりになってしまうことがあり、それで見る人に何かが伝わるのかなと思いまして。その点、地方局は、予算は少ないけれど時間的な融通は利き、グズグズと自分勝手にやっているところをどこかでしぶとく撮ってくれていて、そこからポーンとよいものが出て来ることが多かったですね。

何かを声高に語るわけではないけれど、淡々と流れる時間の根底にある人間賛歌みたいなものを感じていただきたい。だから、「生きることに疲れたら、どうぞ眠りに来てください」という言葉をキャッチフレーズにしました。ラブ・ホテルでご休憩をするよりは映画館の方が安いから、ちょっと休みに来てくださいという意味。本当に寝ちゃあダメですよ(笑)。

(「全身がん　自分を使い切って死にたい」2014年5月)

【あん】映画。監督・河瀬直美。2015年公開。出演・樹木希林、永瀬正敏、内田伽羅、市原悦子ほか。

私はただ彼らの苦しみに寄り添うことしかできない

あんこを作る話らしいと伺ってね。原作も読んで出演を決めましたが、最初に河瀬監督からは、国立ハンセン病療養所の「多磨全生園《たまぜんしょうえん》」に行きましょうと誘われたんです。私はこの年齢になって、初めて東京にこうした場所があることを知りました。

東京ドーム8個分の大きな敷地に住まいが集まっています。国の隔離政策によってここに住まわされ、それが廃止されたのは1996年のことです。偏見と差別の中に置かれ続け、病気は完治していても、すでに年齢もいって社会には戻れない。そうした方たちが多くいらっしゃった。入所者の方たちに伺った話は、本当に衝撃でした。同情をかけるなんておこがましくて、できない。私はただ彼らの苦しみに寄り添うことしかできないのだと、深く考えました。

監督の河瀬さんはそのように、実際に何でも体験させてから撮影する人です。私の演じる徳江《とくえ》さんはあんこ作りの名人なので、実際にお菓子学校に行って教わって、朝から晩まであんこを作りました。あんこに水飴を入れるなんて知りませんでしたね。

（「人生でやり残しはないですね。この先はどうやって成熟して終えるか、かしら。」２０１５年６月）

決して病気だからといってかわいそうなのではない

映画の中の徳江さんもそうであったように、病気をして、72歳になった私がわかったことは、決して病気だからといってかわいそうなのではないということ。たとえ病気であっても、生きる希望をもって生きていく。そうやって命を使いつくしていったんじゃあないの、ということを、この作品を通じて伝えたいです。

（「人生でやり残しはないですね。この先はどうやって成熟して終えるか、かしら。」２０１５年６月）

人は誰でもいろんな形で背負っているものがあると思うけど、それだけが人生のすべてじゃないものね

（徳江のモデルとなった人物を明かされて）私も上野（正子）さんにお会いしたけれど、主人公はあの人のことだったのね。上野さんは結構いいうちの子で、13歳のころにハンセン病だとわかって、お父さんに鹿児島の大隅半島の療養所に連れてこられたのよ。今でも地の利の悪いところで。そういう話を淡々とするの。なんか徳江さんに似てる状況だなぁと思ってたけど、今、つながった（笑）。それにしても、あの人は悲愴感が全然ないのね。それはそれは苛酷な人生だったと思うけど。

人は誰でもいろんな形で背負っているものがあると思うけど、それだけが人生のすべてじゃないものね。どんなにつらいと思っても瞬時に空気に触れて、次の瞬間には違うことが浮かんだりして、苛酷ばかりじゃない。いろんなことがあるわけよね。

(「1週間あれば、いつ死んでもいい」2015年6月)

「わたくし、女優です」って言っていたら感じられない

役づくりの話をすれば、役者というのは、日常のそこら辺に転がっているものを感じないといけないと思っているんです。「わたくし、女優です」って言っていたら感じられないと思うの。がん治療の先生が上野さんのいる療養所を紹介してくださってね。私は、何日に行きますって前触れをして、「わたくし、女優です」って顔で登場するような出会いはしないわけね。日常がなくなるから。市井の人の中にある一人を私の体を通して演じているだけだと思っているから、日常を感じないといけない。

上野さんはずっとしゃべっているうちに、「あんた。テレビに出てる人に似てるねえ」と言うから、「そうそう、出てんのよ」って答えたら、「がんばんなさいよ」って。それで、「これ、持ってきなよ」って、お釜で炊いたお惣菜を持たされてさ。「いらない」と言ったのに(笑)。はるばるやってきた私にがんばりなと言う、これが上野さ

んの当たり前の姿だなって思いました。

（「1週間あれば、いつ死んでもいい」2015年6月）

この年でこんな厳しい現場にいられる私たちは幸せね

（『あん』への出演理由を聞かれて）河瀬監督への興味ですよね。普段、役者は「はい、スタート」って声をかけられて芝居をするんだけれど、河瀬さんは扮装をした時点からずっと役でいることを要求する方なのね。例えば、農家の出の役であれば、畑のシーンを撮らなくても、日常的に農作業をしてくださいと当然のようにおっしゃる。記録映画と劇映画の境がない珍しい作り方でしょ。この年になると、人から何かを強いられる場面ってそんなにないのよ。市原悦子さんとも、この年でこんな厳しい現場にいられる私たちは幸せね、って。

（「人の目に立つ場に出れば、裏側も見られて当然。芸能界は、そんな生易しいもんじゃないのよ。」2015年6月）

どんな役でも同じ人間という体をしている以上は共通する部分がかならずあるんです

施設にいる方にもお会いして、「こんにちは」と握手しようとすると指がない方もいました。でもみなさん、過去を乗り越えてとても明るく生きていらっしゃるんですよね。そういうことを七十二歳で初めて知ったわけですから、無知って残酷なことだなと思いました。自分を恥じ、罪深さを感じましたね。

徳江を演じるのが難しかったかというと、そんなことはありません。この世の中で自由に生きているように見える人が、ほんとうに自由かというと、やっぱりそれぞれ自分や家族のなかに重たいものを抱えていたりするから。それが人間だから。どんな役でも同じ人間という体をしている以上は共通する部分がかならずあるんです。

たとえ殺人犯の役であっても、なにかその人が生きるだけの道理があるわけですよ。それを上から目線でかわいそうな人だとか、残酷な人だとか思って演じるのではなくて、自分に重ねるように、すっと役に入っていく。自分をまったくなくして別人のように役に挑む人もいるけど、わたしはいつもそこに自分がいるのね。

（「表紙の人　樹木希林」２０１５年７月）

【海よりもまだ深く】映画。監督・是枝裕和。２０１６年公開。出演・阿部寛、真木よう子、小林聡美、樹木希林ほか。

何でもない日常を描いて観客の心をとらえるのって、至難の業なんですよ

何か特別な設定とか物語とかそういうものがあれば嫌でも人目を引きますけど、何でもない日常を描いて観客の心をとらえるのって、至難の業なんですよ。是枝さんって監督は、腕のある人だなあ、人間というものをよく見ているなあって思います。

今回の作品の舞台は郊外にある団地で、しかも、どこにでもある家族の日常を描いているんですね。だから、全然ドラマチックなお話ではないの。その中で、誰の隣にいてもおかしくないような、普通の老いた母親というのが私の役どころです。この、どこにでもいるような母親を演じるのがまた、むずかしい（笑）。

（「『こんなはずじゃなかった』それでこそ人生です。」２０１６年６月）

【人生フルーツ】ドキュメンタリー映画。監督・伏原健之。２０１７年公開。出演・津端修一、津端英子。ナレーション・樹木希林。

散らかさなくてつつましくて始末がよくて、でも大胆なところもある

（老夫婦の素敵な暮らしを描いた映画『人生フルーツ』の）渡された台本を下読みもせずに、ただ読んだだけ。まぁ、60年近く声で人を騙《だま》してきてるからね（笑）。ナレーションはセリフを覚えなくていいからラクだと思ってたのに、年とったら耳も遠くな

るし、滑舌《かつぜつ》も悪くなるし。もう限界だと、スタッフには言ってるんだけど。

英子さんは可愛らしい人でね。映画が完成した後、初めてお会いして一緒に居酒屋に行ったんですけど、いいエネルギーに満ちあふれていた。ああいう女性は、修一さんのようないい旦那さんがちゃんと来るのね。散らかさなくてつつましくて始末がよくて、でも大胆なところもある旦那さんで、本当に素敵なご夫婦。映画を見て〝こんな人生を歩めたら言うことなし〟だって、みんなそう思うんじゃない？

もちろん、その人生がうらやましいとか、自分の人生がイヤだとか、そういうことはないのよ。でも、それはそれ。こういうふうな道しか歩けない私は私。だけど、津端さんのような人生も見事だなぁと思いますね。

（「最期ぐらいは裕也さんの歌を聴きながら…」2017年1月）

とんでもないキャラクター商品って感じ（笑）

『人生フルーツ』の英子さんは旦那さんのことを〝年とっていい顔になった〟と言っ

てるんだけど、うちは両方ともそんな境地じゃないわね。たまに顔を見ると〝この人、昔はもうちょっと男前だったのに。どうしてこうなっちゃったのかなぁ〟なんて思うもの。それはお互いだろうけど、決していい顔になってない。むしろ〝奇っ怪〟。とんでもないキャラクター商品って感じ（笑）。

（「最期ぐらいは裕也さんの歌を聴きながら…」2017年1月）

守一を山﨑努さんが演じられると聞いて即座に「はい、やります」

【モリのいる場所】映画。監督・沖田修一。2018年公開。出演・山﨑努、樹木希林、加瀬亮ほか。

映画『モリのいる場所』は、画家・熊谷守一《もりかず》の物語で、守一を山﨑努さんが演じられると聞いて即座に「はい、やります」とお引き受けしたのです。

守一の絵には、若い頃から親しんでいました。猫の絵が有名で、「これ、小学生が描いたの？」と言いたくなるくらいシンプルな画風でよく知られています。足が悪くなり、亡くなるまでの30年間、庭から一歩も外に出なかったそうです。庭の植物、石、蟻などの生き物を毎日何時間もじーっと観察し続けたとか。そして、97歳で亡くなる数ヵ月前まで、墨絵や書を描いていました。

守一さんはとてもチャーミングな方。しかも、世間に媚びない。守一を演じた山崎努さんとはこれまでご一緒するチャンスがまったくなかったのですが、この作品で出会え、至福でした。山崎努さんは、守一のことを「僕のアイドル」と呼ぶくらいお好きなのですよ。

私は奥さんの秀子さん役ですが、きっと、天真爛漫な女性だったろうと思って演じました。ただ、根底には守一さんへの深い敬意がある。自らも絵を描いていた人だけに、守一さんの画家としての才能を感じていたでしょう。だから、夫のすべてを受け入れる。私自身はそこが欠けていましたが（笑）。

（「表紙の私　ありのままで」2018年5月）

【万引き家族】映画。監督・是枝裕和。2018年公開。出演・リリー・フランキー、安藤サクラ、松岡茉優、池松壮亮、樹木希林ほか。

ダメさも含めて人間を肯定する是枝さんの作品はチャーミングよね

(祖母役のために入れ歯をはずして臨んだのは) チャレンジなんかではないわよ。自分の顔に飽きてきたのよね。それと自分のセリフの言い回しにも。じゃあ歯がなければ骨格が変わり、口元もフガフガしてくるだろうと。髪の毛もね、歳を取って手入れをせず、だらーっと長いと気味悪いでしょ。ビックリするといけないから、是枝さんには一応、「こういう顔で出ます」と事前に見せましたが、後の祭りね(笑)。わたしは気に入ってますけど。

(監督は) 機微だとか人の心の裏側にあるものを掘り起こしてくる作家ですからね。この映画のキャッチコピーは「盗んだのは、絆でした」。血が繋がろうと、繋がっていなかろうと、人間がひとりではなく、誰かといるってことはもうそれだけでドラマが起きるわけで、それが家族となると、もっともっと複雑になってくる。絆とは壊れていくものでもあって、人間が絶対的に変わらないものを持ち続けるなんてことは、ないと思う。その面白さ、ダメさも含めて人間を肯定する是枝さんの作品はチャーミングよね。ダメさを愛おしむところがある。

（「パターンではなく、人間を見つめる」2018年6月）

人間が老いていく、壊れていく姿というのも見せたかった

「女優がそんなことをするのは、ヌードになるより恥ずかしいことですよ」って人に言われた。入れ歯をはずしたのよ。映画『万引き家族』で。髪の毛もだらぁと長くして、気味悪いおばあさんでしょう？

是枝監督の作品に出るのも、これが最後だと思ったから提案したわけ。私ももう後期高齢者で、店じまいを考えないといけない時期ですから。

それに、人間が老いていく、壊れていく姿というのも見せたかった。高齢者と生活

する人も少なくなって、いまはそういうのをみんな知らないでしょう？　映画のなかで、みかんにかぶりつく姿がすごいと言う人もいるけれど、実を歯ぐきでしごいたの。歯がないって、そういうことなのよ。

人間をいかにして自分の身体を通して表現するか。それが役者の仕事なんだけれど、『万引き家族』がパルムドールを受賞したのは、個々の人間がどうやってそこまで生きてきたかを、丹念に見ながら積み重ねていった結果なんじゃないかと思う。どの役もみんな生きているでしょう？

（「女優魂の渾身と自由　ヌードよりも恥ずかしい」２０１８年６月）

喪主代理の挨拶

本日は足元の悪い中、また大変お忙しいところ、母、内田啓子の本葬儀にご参列いただきまして、誠にありがとうございます。

喪主に代わって一言、ご挨拶をさせて頂きます。


私にとって母を語るのに、父、内田裕也なくしては語れません。本来なら、このような場で語ることではないかもしれませんが、思えば、内田家は数少ない互いへのメッセージ発信を、いつも大勢の方々の証人の元に行っていた、奇妙な家族でした。また生前、母は「恥ずかしいことほど人前で晒け出す」という厄介な性分だったので、皆様が困らない程度に少しお話しさせて下さい。

私が結婚するまでの19年間、うちは母と私の二人きりの家庭でした。

そこにまるで象徴としてのみ君臨する父でしたが、何をするにも常に私たちにとって、大きな存在だったことは確かです。幼かった私は、不在の父の重すぎる存在に、押しつぶされそうになることもありました。ところが困った私が「なぜこういう関係を続けるのか」と母を問い詰めると、平然と「だってお父さんには、ひとかけら純なものがあるから」と私を黙らせるのです。

自分の親とはいえ、人それぞれの選択があると頭では分かりつつも、やはり、私の中では永遠に分かりようもないミステリーでした。

ほんの数日前、母の書庫で探し物をしていると、小さなアルバムを見つけました。母の友人や、私が子供の頃に外国から送った手紙が丁寧に貼られたページをめくると、ロンドンのホテルの色褪せた便箋に目が留まりました。それは母がまだ悠木千帆と名乗っていた頃に、父から届いたエアメールです。

今度はＣＨＩＨＯと一緒に来たいです！　結婚一周年は帰ってから二人っきりで、、、蔵王とロサンジェルスというのも世界中にあまりない記念日です！

この一年、色々メイワクをかけて反省しています。
裕也に経済力があれば、もっとトラブルも少なくなるでしょう。
俺の夢とＧＡＭＢＬＥで高価な代償を払わせている事は、よく自覚しています。
突き詰めて考えると、自分自身のムジュンに大きくぶつかるのです。
ＲＯＣＫをビジネスとして考えなければならない時に来たのでしょうか？
最近は「ことわざ」が自分に当てはまるような気がしてならないのです。
早くジレンマの解答が得られるように祈って下さい！
落ち着きとズルさの共存にならない様にも、、
「メシ！」「このやろう！」「てめえ！」でも、本当に心から愛しています。

１９７４年10月19日　ロンドンにて　裕也

今まで想像すらしなかった、勝手だけれど、父から母への感謝と親密な思いの詰まった手紙に、私はしばし絶句してしまいました。普段は手に負えない父の混沌と苦悩と純粋さが、妙に腑に落ち、母が誰にも見せることなく、それを大切に自分の本棚に

仕舞っていたことに納得してしまいました。

そして、長年、私の心のどこかで許し難かった父と母のあり方へのわだかまりが、すーっと解けていくのを感じたのです。

こんな単純なことで、あれほど長年かけて形成された重い塊が解け出すはずがないと、自分に呆れつつも……。


母が時折、自虐的に笑って言いました。「私はヨソから内田家に嫁いで、本木さんにも内田家を継いでもらって、みんなで一生懸命、家を支えてるけど、肝心の内田さんがいないのよね〜」と。でも、私が唯一、親孝行ができたとすれば、本木さんと結婚したことかもしれません。時には、本気で母の悪いところをダメ出しし、意を決して暴れる父を殴ってくれ、そして、私以上に両親を面白がり大切にしてくれました。なんでも明け透けな母とは対照的に、少し体裁のすぎる夫ですが、家長不在だった内田家に、静かにずしりと存在してくれる光景は、未だにシュールすぎて、少し感動的でさえあります。けれども、この絶妙なバランスが欠けてしまった今、新たな内田家の均衡を模索する時が来てしまいました。怖気付いている私は、いつか言われた母の言葉を必死で記憶から手繰り寄せます。

「おごらず、他人《ひと》と比べず、面白がって、平気に生きればいい」

まだ沢山すべきことがありますが、ひとまず焦らず、家族それぞれの日々を大切に歩めたらと願っております。生前、母は密葬でお願い、と私に言っておりましたが、結果的に光林寺でこのように親しかった皆様とお別れができたこと、また、それに際し沢山の方々のご協力を頂く中で、皆様と母の唯一無二の交流が垣間見えたことは、遺された者として大きな心の支えになります。皆様お一人お一人からの、生前のご厚情に深く感謝しつつ、どうぞ今後とも故人同様、お付き合い頂き、ご指導頂けますことをお願い申し上げます。本日は誠にありがとうございました。

2018年9月30日　内田也哉子　東京・光林寺にて

樹木希林年譜

1943年（昭和18年）		東京都に生まれる。旧姓名は中谷啓子。父は薩摩琵琶奏者の中谷襄水（辰治）。
1961年（昭和36年）	18歳	文学座附属演劇研究所に一期生として入り、「悠木千帆」の名義で女優活動を開始する。
1964年（昭和39年）	21歳	テレビドラマ　ナショナル劇場**『七人の孫』**（TBS）の第1シリーズが始まる。俳優・森繁久彌と初共演。森繁演じる主人公（会社会長）宅の女中役を好演。
1965年（昭和40年）	22歳	文学座の同期である俳優の岸田森と結婚。 文学座の正座員となる。 **『七人の孫』**（TBS）の第2シリーズが始まる。
1966年（昭和41年）	23歳	文学座を退団し、夫の岸田森、村松克己、草野大悟らと劇団「六月劇場」を旗揚げする。
1967年（昭和42年）	24歳	映画**『続・酔いどれ博士』**（井上昭監督）が公開、勝新太郎と共演。 映画**『旅路』**（村山新治監督）が公開。
1968年（昭和43年）	25歳	岸田森と離婚。
1969年（昭和44年）	26歳	映画**『クレージーの大爆発』**（古澤憲吾監督）が公開。
1970年（昭和45年）	27歳	映画**『男はつらいよ　フーテンの寅』**（森崎東監督）が公開、渥美清と

共演。
テレビドラマ　水曜劇場『時間ですよ』（TBS）の第1シリーズが始まる。主な舞台となる松の湯の従業員役として、堺正章らと共演。

1971年（昭和46年）　28歳
『時間ですよ』（TBS）の第2シリーズが始まる。

1972年（昭和47年）　29歳
テレビドラマ『いとこ同志』（日本テレビ）が始まる。

1973年（昭和48年）　30歳
『時間ですよ』（TBS）の第3シリーズが始まる。
ロックミュージシャンの内田裕也と結婚。

1974年（昭和49年）　31歳
テレビドラマ　水曜劇場『寺内貫太郎一家』（TBS）が始まる。小林亜星演じる石屋の主人公・貫太郎の母役・きんとして「老け役」を務め、高い評価を得る。
『時間ですよ　昭和元年』（TBS）が始まる。亀の湯の女将の母役として再び「老け役」で話題になる。
映画『あばよダチ公』（澤田幸弘監督）が公開、松田優作と共演。

1975年（昭和50年）　32歳
『寺内貫太郎一家2』（TBS）が始まる。
映画『まむしと青大将』（中島貞夫監督）が公開。

1976年（昭和51年）　33歳
内田裕也との間に長女、内田也哉子が生まれる。

1977年（昭和52年）　34歳
テレビドラマ　水曜劇場『さくらの唄』（TBS）が始まる。
日本教育テレビ（NETテレビ）が社名・局名を全国朝日放送（テレビ朝日）に変更する際に放送された記念番組のオークション・コーナー

		で、自身の芸名「悠木千帆」を出品。名前は2万200円で落札され、その後「樹木希林」と改名する。「樹や木が集まり、希な林を作る」という連想。 テレビドラマ　水曜劇場**『ムー』**（TBS）が始まる。共演した郷ひろみとのデュエット曲「お化けのロック」が大ヒット。 テレビドラマ　水曜劇場**『せい子宙太郎―忍宿借夫婦巷談』**（TBS）が始まる。
1978年（昭和53年）	35歳	テレビドラマ　水曜劇場**『ムー一族』**が始まる。共演の郷ひろみとのデュエット曲「林檎殺人事件」が大ヒット。
1979年（昭和54年）	36歳	『ムー一族』の打ち上げの際、スピーチでプロデューサー・久世光彦と女優のぐちともこが不倫関係にあり、のぐちがすでに妊娠8ケ月だと暴露。久世と絶縁状態となる（1996年のテレビドラマ『坊っちゃんちゃん』まで）。久世はその場で全てを認め、後に正式離婚し、のぐちと再婚した。 テレビドラマ**『探偵物語』**（日本テレビ）第9話にゲスト出演、松田優作と共演。
1980年（昭和55年）	37歳	映画**『ツィゴイネルワイゼン』**（鈴木清順監督）が公開。 テレビドラマ**『服部半蔵　影の軍団』**（関西テレビ）が始まる。 「ピップエレキバン」のCMで横矢勲ピップフジモト会長との掛け合い

1981年（昭和56年）	38歳	が人気を博す。 1978年から「フジカラー」のCMに出演していたが、この年、客の綾小路さゆり役として出演していた同CMで、店員役の岸本加世子との「美しい方はより美しく、そうでない方は……」「そうでない場合は？」「それなりに写ります」のやり取りが一世を風靡する。富士フイルムのCMには以後40年出演し続ける。 ドラマ人間模様**『夢千代日記』**（NHK）第1部が始まり、吉永小百合と共演。 時代劇スペシャル**『岡っ引どぶ』**（フジテレビ）で田中邦衛と共演。 映画**『野菊の墓』**（澤井信一郎監督）が公開。 内田裕也が無断で離婚届を提出するが、樹木は離婚無効の訴訟を起こし勝訴。
1982年（昭和57年）	39歳	『夢千代日記』の第2部**『続　夢千代日記』**（NHK）が始まる。 テレビドラマ**『女捜査官』**（テレビ朝日）が放映。 映画**『転校生』**（大林宣彦監督）が公開。
1983年（昭和58年）	40歳	映画**『刑事物語』**（渡邊祐介監督）が公開。 映画**『天城越え』**（三村晴彦監督）が公開。
1984年（昭和59年）	41歳	映画**『ふるさと』**（神山征二郎監督）が公開。 『夢千代日記』の第3部**『新　夢千代日記』**（NHK）が始まる。

1985年（昭和60年）	42歳	映画**『さびしんぼう』**（大林宣彦監督）が公開。
		映画**『夢千代日記』**（浦山桐郎監督）が公開。
1986年（昭和61年）	43歳	映画**『カポネ大いに泣く』**（鈴木清順監督）が公開。
		テレビドラマ**『翔んでる警視』**（TBS）が放映。
		NHK連続テレビ小説**『はね駒』**が始まる。同作の演技で第37回芸術選奨文部大臣賞を受賞。
1988年（昭和63年）	45歳	映画**『つる―鶴―』**（市川崑監督）が公開、吉永小百合と共演。
		事務所を解散し、マネージャー役も自分で兼ねる。
1990年（平成2年）	47歳	NHK大河ドラマ**『翔ぶが如く』**が始まる。
		テレビドラマ**『ママ母戦争』**（よみうりテレビ）が放映。
1991年（平成3年）	48歳	映画**『大誘拐 RAINBOW KIDS』**（岡本喜八監督）が公開。
		NHK連続テレビ小説**『君の名は』**が始まる。
		実録犯罪史シリーズ**『金（キム）の戦争』**（フジテレビ）が放映、北野武と共演。
		テレビドラマ**『岡っ引どぶ』**（フジテレビ）が始まる。
1992年（平成4年）	49歳	映画**『ザ・中学教師』**（平山秀幸監督）が公開。
1993年（平成5年）	50歳	テレビドラマ**『これから・海辺の旅人たち』**（フジテレビ）が放映、高倉健と共演。
		映画**『夢の女』**（坂東玉三郎監督）が公開、吉永小百合と共演。

1994年（平成6年）	51歳	映画**『さくら』**（神山征二郎監督）が公開。
1995年（平成7年）	52歳	テレビドラマ**『味いちもんめ』**（テレビ朝日）が始まる。 テレビドラマ　東芝日曜劇場**『輝け隣太郎』**（TBS）が始まる。 娘の内田也哉子が本木雅弘と結婚。
1996年（平成8年）	53歳	プロデュース・久世光彦で制作されたテレビドラマ**『坊っちゃんちゃん』**（TBS）が放映、郷ひろみと共演。 テレビドラマ**『硝子のかけらたち』**（TBS）が放映。
1997年（平成9年）	54歳	映画**『恋と花火と観覧車』**（砂本量監督）、**『必殺始末人』**（石原興監督）が公開。
1999年（平成11年）	56歳	映画**『39　刑法第三十九条』**（森田芳光監督）が公開。
2000年（平成12年）	57歳	NHK大河ドラマ**『葵　徳川三代』**が始まり、お福（春日局）を演じる。
2001年（平成13年）	58歳	テレビドラマ**『菊次郎とさき』**（テレビ朝日）が放映。 映画**『東京マリーゴールド』**（市川準監督）が公開。 映画**『ピストルオペラ』**（鈴木清順監督）が公開。 映画**『ダンボールハウスガール』**（松浦雅子監督）が公開。 日本語教養番組**『日本語歳時記・大希林』**（NHK）が放映（2005年まで）。
2002年（平成14年）	59歳	映画**『リターナー』**（山崎貴監督）が公開。 映画**『命』**（篠原哲雄監督）が公開。 四半世紀にわたって出演する「フジカラー」のCMなどで、女性CMタ

		レント好感度1位（CM総合研究所調べ）となる。
2003年（平成15年）	60歳	網膜はく離で左目の視力を失う。
2004年（平成16年）	61歳	テレビ50年ドラマ特別企画『**向田邦子の恋文**』（TBS）が放映。 映画『**半落ち**』（佐々部清監督）が公開。同作の演技で、第26回ヨコハマ映画祭助演女優賞、第28回日本アカデミー賞優秀助演女優賞、第59回日本放送映画藝術大賞優秀助演女優賞などを受賞。 映画『**下妻物語**』（中島哲也監督）が公開。 映画『**ほたるの星**』（菅原浩志監督）が公開。 左目を失明したことを長嶋茂雄との対談本『人生の知恵袋』で明かす。 乳がんにより、右乳房の全摘手術を受ける。
2005年（平成17年）	62歳	スペシャルテレビドラマ『**僕たちの戦争**』（TBS）が放映。
2006年（平成18年）	63歳	テレビドラマ『**東京タワー　オカンとボクと、時々、オトン**』（フジテレビ）が放映。 映画『**チェケラッチョ!!**』（宮本理江子監督）が公開。
2007年（平成19年）	64歳	映画『**東京タワー　オカンとボクと、時々、オトン**』（松岡錠司監督）が公開。娘の内田也哉子も出演。同作の演技で、第31回日本アカデミー賞最優秀主演女優賞、第20回日刊スポーツ映画大賞助演女優賞、第62回日本放送映画藝術大賞優秀助演女優賞などを受賞。
2008年（平成20年）	65歳	映画『**歩いても　歩いても**』（是枝裕和監督）が公開。同作の演技で、

		第30回ナント三大陸映画祭最優秀女優賞、第33回報知映画賞最優秀助演女優賞、第51回ブルーリボン賞助演女優賞、第82回キネマ旬報ベスト・テン日本映画助演女優賞、第32回日本アカデミー賞優秀助演女優賞、第63回日本放送映画藝術大賞最優秀助演女優賞などを受賞。 秋の叙勲で紫綬褒章を受章。
2010年（平成22年）	67歳	映画**『悪人』**（李相日監督）が公開。同作の演技で、第34回日本アカデミー賞最優秀助演女優賞を受賞。 映画**『宮城野』**（山崎達璽監督）が公開。
2011年（平成23年）	68歳	映画**『奇跡』**（是枝裕和監督）が公開、同作で孫娘の内田伽羅と初共演。
2012年（平成24年）	69歳	映画**『わが母の記』**（原田眞人監督）が公開。同作の演技で、第4回TAMA映画賞最優秀女優賞、第25回日刊スポーツ映画大賞助演女優賞などを受賞。
2013年（平成25年）	70歳	映画**『ツナグ』**（平川雄一朗監督）が公開。 **『わが母の記』**で第36回日本アカデミー賞最優秀主演女優賞を受賞。受賞スピーチで全身がんであることを公表。 映画**『そして父になる』**（是枝裕和監督）が公開。
2014年（平成26年）	71歳	映画**『神宮希林　わたしの神様』**（伏原健之監督）が公開。 秋の叙勲で旭日小綬章を受章。
2015年（平成27年）	72歳	映画**『駆込み女と駆出し男』**（原田眞人監督）が公開。同作と**『あん』**

		『海街diary』の演技で、第7回TAMA映画賞最優秀女優賞を受賞。 映画**『あん』**（河瀬直美監督）が公開。同作の演技で、山路ふみ子映画女優賞、第40回報知映画賞主演女優賞、第39回日本アカデミー賞優秀主演女優賞などを受賞。 映画**『海街diary』**（是枝裕和監督）が公開。
2016年（平成28年）	73歳	第10回アジア・フィルム・アワードにて特別功労賞を受賞。 映画**『海よりもまだ深く』**（是枝裕和監督）が公開。
2017年（平成29年）	74歳	映画**『人生フルーツ』**（伏原健之監督）が公開。ナレーションを担当。
2018年（平成30年）	75歳	映画**『モリのいる場所』**（沖田修一監督）が公開、山﨑努と共演。 映画**『万引き家族』**（是枝裕和監督）が公開。 **『ザ・ノンフィクション』**（フジテレビ）「転がる魂　内田裕也」のナレーションを担当。 8月大腿骨を骨折して緊急手術。 9月15日東京都渋谷区の自宅で家族に看取られながら死去。 9月30日東京都港区の光林寺にて葬儀。 映画**『日日是好日』**（大森立嗣監督）が公開。 初めて自ら企画も手がけた映画**『エリカ38』**（日比遊一監督）と、ドイツ映画**『Cherry Blossoms and Demons』**（ドリス・デリエ監督）が遺作となる（共に2019年公開予定）。

出典記事一覧

【第1章】

「いきいき」2008年7月号「家族というテーマは無限大です。」樹木希林×阿部寛
「PHPスペシャル」2015年7月号「歳をとるのはおもしろい」
「週刊朝日」2016年5月27日号「マリコのゲストコレクション」樹木希林×林真理子
「婦人公論」2016年6月14日号「50歳からの10年が人生を分けていく」樹木希林×小林聡美
「PHPスペシャル」2016年6月号「『こんなはずじゃなかった』それでこそ人生です。」
「SOPHIA」1988年11月号「男と『感応』しあえる生き方とは」樹木希林×瀬戸内寂聴
「クロワッサン」1987年1月25日号「ひとつのことをゆっくりしゃべろう　女の色気2」倉橋由美子×樹木希林
「MORE」1985年5月号「アッコが人柄を敬愛している女優」樹木希林×和田アキ子
「LEE」1988年3月号「そして、現代に貞女はいなくなった…」樹木希林×橋本治
「AERA」2016年5月30日号「あなたは、『なりたい大人』になれましたか？」阿部寛×樹木希林
「FRaU」2002年8月27日号「この人の言葉は宝物だ！」
「いきいき」2007年1月号「宇津井健さん、樹木希林さんをお迎えして。」樹木希林×宇津井健
「週刊現代」2015年6月6日号『私』と『家族』の物語」
「いきいき」2015年6月号「人生でやり残しはないですね。この先はどうやって成熟して終えるか、かしら。」

「朝日ジャーナル」1987年7月24日号「筑紫哲也のテレビ現論　茶の間の神様」樹木希林×筑紫哲也
「女性自身」1995年7月25日号「母樹木希林が親友に打ち明けた〝七夕挙式〟までの全秘話」樹木希林×小林由紀子
「AERA」1996年9月15日号「私の夢みる大往生」
「エフ」2001年7月号「この女性の軌跡」
「新刊ニュース」2002年2月号「初々しく老いて」灰谷健次郎×樹木希林
「家庭画報」2008年1月号「きもの好き、映画好き」吉永小百合×樹木希林
「キネマ旬報」2008年12月上旬号「これがはじまり」樹木希林×斎藤明美
「ステラ」2013年11月29日号「温故希林in台湾」
「婦人画報」2015年6月号「1週間あれば、いつ死んでもいい」樹木希林×ドリアン助川
「家の光」2015年7月号「表紙の人　樹木希林」
「キネマ旬報」2015年7月上旬号「曰く『いきあたりばったり』」樹木希林×市原悦子
「週刊朝日」2014年5月9日・16日号「70歳で初のお伊勢参りが、ドキュメンタリー映画に」
「AERA」2017年5月15日号「全身がん　俳優・樹木希林の死生観」
「女性セブン」2017年1月5日・12日号「樹木希林からの電話」
「婦人公論」2018年5月22日号「表紙の私　ありのままで」
「文藝春秋」2007年5月号「オカンと裕也と娘・也哉子と」
「FRaU」2016年6月号「花と遺影」樹木希林×荒木経惟

「ハルメク」2016年6月号「8年ぶりにおふたり登場！　スペシャル対談」阿部寛×樹木希林

【第2章】

「いきいき」2008年7月号「家族というテーマは無限大です。」樹木希林×阿部寛
「キネマ旬報」2008年12月上旬号「これがはじまり」樹木希林×斎藤明美
「婦人画報」2016年6月号「この人を深掘り！」樹木希林×辛酸なめ子
「エフ」2001年7月号「この女性の軌跡」
「文藝春秋」2007年5月号「オカンと裕也と娘・也哉子と」
「婦人公論」2016年6月14日号「50歳からの10年が人生を分けていく」樹木希林×小林聡美
「LEE」1988年3月号「そして、現代に貞女はいなくなった…」樹木希林×橋本治
「SOPHIA」1988年11月号「男と『感応』しあえる生き方とは」樹木希林×瀬戸内寂聴
「週刊現代」2015年6月6日号「『私』と『家族』の物語」
「婦人公論」2015年6月9日号「妻という場所のおかげで、野放図にならずにすんだ」
「FRaU」2016年6月号「花と遺影」樹木希林×荒木経惟
「クロワッサン」2009年1月10日号「嘘のない人生を生きたいと思う、だからいま、こんな夫婦です。」
「いきいき」2007年1月号「宇津井健さん、樹木希林さんをお迎えして。」樹木希林×宇津井健
「ミセス」2003年11月号「用の美、魯山人」樹木希林×梶川芳友
「女性自身」1995年7月18日号「モックン　内田也哉子さん〝七夕挙式〟特別企画1」樹木希林×小

林由紀子
「女性自身」1995年7月25日号「母樹木希林が親友に打ち明けた〝七夕挙式〟までの全秘話」樹木希林×小林由紀子
「婦人公論」2008年6月22日号「さりとて家族は、気持ち悪いぐらいでいい」樹木希林×YOU
「an・an」2015年6月10日号「人の目に立つ場に出れば、裏側も見られて当然。芸能界は、そんな生易しいもんじゃないのよ。」
「週刊女性」2017年1月24日号「最期ぐらいは裕也さんの歌を聴きながら…」
「週刊新潮」2013年3月21日号『全身がん』を告白した『樹木希林』インタビュー」

【第3章】
「いきいき」2007年1月号「宇津井健さん、樹木希林さんをお迎えして。」樹木希林×宇津井健
「いきいき」2008年7月号「家族というテーマは無限大です。」樹木希林×阿部寛
「クロワッサン」2009年1月10日号「嘘のない人生を生きたいと思う、だからいま、こんな夫婦です。」
「婦人画報」2015年6月号「1週間あれば、いつ死んでもいい」樹木希林×ドリアン助川
「文藝春秋」2014年5月号「全身がん　自分を使い切って死にたい」
「ゆうゆう」2016年6月号「体はちょっとアレだけど、怖いものがなくなって年をとるのも、悪くない」樹木希林×橋爪功
「週刊現代」2015年6月6日号『私』と『家族』の物語」

「ステラ」2013年11月29日号「温故希林in台湾」

【第4章】

「キネマ旬報」2008年12月上旬号「これがはじまり」樹木希林×斎藤明美
「MORE」1985年5月号「アッコが人柄を敬愛している女優」樹木希林×和田アキ子
「朝日ジャーナル」1987年7月24日号「筑紫哲也のテレビ現論　茶の間の神様」樹木希林×筑紫哲也
「いきいき」2008年7月号「家族というテーマは無限大です。」樹木希林×阿部寛
「いきいき」2007年1月号「宇津井健さん、樹木希林さんをお迎えして。」樹木希林×宇津井健
「FRaU」2002年8月27日号「この人の言葉は宝物だ！」
「FRaU」2016年6月号「花と遺影」樹木希林×荒木経惟
「テレビサライ」2003年3月号『『CM女王』に輝いた樹木希林」
「オール讀物」2001年1月号「芝居は『笑い』がいちばん」樹木希林×久世光彦
「文藝春秋」2007年5月号「オカンと裕也と娘・也哉子と」
「an・an」2015年6月10日号「人の目に立つ場に出れば、裏側も見られて当然。芸能界は、そんな生易しいもんじゃないのよ。」
「AERA」2018年6月18日号「女優魂の渾身と自由　ヌードよりも恥ずかしい」

【第5章】

「LEE」1988年3月号「そして、現代に貞女はいなくなった…」樹木希林×橋本治

「オレンジページ」2007年5月2日号「TORICO CINEMA」
「クロワッサン」1987年1月25日号「ひとつのことをゆっくりしゃべろう 女の色気2」倉橋由美子×樹木希林
「家庭画報」2008年1月号「きもの好き、映画好き」吉永小百合×樹木希林
「女性自身」1995年7月25日号「母樹木希林が親友に打ち明けた〝七夕挙式〟までの全秘話」樹木希林×小林由紀子
「FRaU」2016年6月号「花と遺影」樹木希林×荒木経惟
「いきいき」2007年1月号「宇津井健さん、樹木希林さんをお迎えして。」樹木希林×宇津井健
「クロワッサン」2009年1月10日号「嘘のない人生を生きたいと思う、だからいま、こんな夫婦です。」
「家の光」2015年7月号「表紙の人 樹木希林」
「婦人公論」2016年6月14日号「50歳からの10年が人生を分けていく」樹木希林×小林聡美

【第6章】

「キネマ旬報」2015年7月上旬号「曰く『いきあたりばったり』」樹木希林×市原悦子
「いきいき」2007年1月号「宇津井健さん、樹木希林さんをお迎えして。」樹木希林×宇津井健
「婦人画報」2015年6月号「1週間あれば、いつ死んでもいい」樹木希林×ドリアン助川
「家庭画報」2008年1月号「きもの好き、映画好き」吉永小百合×樹木希林
「LEE」1988年3月号「そして、現代に貞女はいなくなった…」樹木希林×橋本治

「文藝春秋」2007年5月号「オカンと裕也と娘・也哉子と」

「キネマ旬報」2007年4月上旬号「樹木希林の言葉」

「いきいき」2008年7月号「家族というテーマは無限大です。」樹木希林×阿部寛
「芸術新潮」2014年5月号「樹木希林としての生き方」

「文藝春秋」2014年5月号「全身がん　自分を使い切って死にたい」

「いきいき」2015年6月号「人生でやり残しはないですね。この先はどうやって成熟して終えるか、かしら。」

「an・an」2015年6月10日号「人の目に立つ場に出れば、裏側も見られて当然。芸能界は、そんな生易しいもんじゃないのよ。」

「家の光」2015年7月号「表紙の人　樹木希林」

「PHPスペシャル」2016年6月号『『こんなはずじゃなかった』それでこそ人生です。」

「週刊女性」2017年1月24日号「最期ぐらいは裕也さんの歌を聴きながら…」

「婦人公論」2018年5月22日号「表紙の私　ありのままで」

「キネマ旬報」2018年6月下旬号「パターンではなく、人間を見つめる」

「AERA」2018年6月18日号「女優魂の渾身と自由　ヌードよりも恥ずかしい」

樹木希林（きき　きりん）

1943年東京都生まれ。女優活動当初の名義は悠木千帆、後に樹木希林と改名。文学座附属演劇研究所に入所後、テレビドラマ『七人の孫』で森繁久彌に才能を見出される。ドラマ『時間ですよ』『寺内貫太郎一家』『ムー』などの演技で話題をさらう。出演映画はきわめて多数だが、代表作に『半落ち』『東京タワー　オカンとボクと、時々、オトン』『歩いても　歩いても』『悪人』『わが母の記』『あん』『万引き家族』などがある。61歳で乳がんにかかり、70歳の時に全身がんであることを公表した。夫はロックミュージシャンの内田裕也、長女にエッセイストの内田也哉子、娘婿に俳優の本木雅弘がいる。2018年9月15日に逝去、享年75。

※掲載された記事について、執筆された著作権者の連絡先などが不明のものがありました。お気づきの方は編集部までお申し出ください。

文春新書

1194

一切《いっさい》なりゆき　～樹木希林《きききりん》のことば～

2018年12月20日　第1刷発行
2021年10月15日　第35刷発行

著　者　　樹木希林
発行者　　大松芳男
発行所　株式会社　文藝春秋

〒102-8008　東京都千代田区紀尾井町3-23
電話（03）3265-1211（代表）

印刷所　　理想社
付物印刷　大日本印刷
製本所　　大口製本

定価はカバーに表示してあります。
万一、落丁・乱丁の場合は小社製作部宛お送り下さい。
送料小社負担でお取替え致します。

ISBN978-4-16-661194-2